企业薪酬精细化管理

实操一本通

吴 悦/编著

中国铁道出版社有限公司
CHINA RAILWAY PUBLISHING HOUSE CO., LTD.

内 容 简 介

这是一本专门介绍企业薪酬管理的书籍，从薪酬设计、制作及管理的角度出发，详细介绍了企业薪酬管理过程中的各项事务。

全书共包括 11 章，主要分为 4 个部分。第一部分为薪酬管理的基础性知识讲解，主要介绍了薪酬及薪酬管理的内容；第二部分从薪酬模式的角度，对薪酬结构设计进行了阐述；第三部分介绍了企业薪酬管理过程中涉及的各项工作，包括考勤工资管理、绩效激励管理、薪酬总额控制、薪酬发放及个人薪酬动态管理；第四部分针对薪酬管理过程中的各种"疑难杂症"提出相应的解决方案。

本书适合各类企业中的高层管理人员、人力资源管理从业人员及部门负责人等学习使用。

图书在版编目（CIP）数据

企业薪酬精细化管理实操一本通 / 吴悦编著 . —北京：

中国铁道出版社有限公司，2021.9

ISBN 978-7-113-27598-3

Ⅰ.①企… Ⅱ.①吴… Ⅲ.①企业管理－工资管理－研究

Ⅳ.① F272.923

中国版本图书馆 CIP 数据核字（2021）第 059310 号

书　　名：**企业薪酬精细化管理实操一本通**
　　　　　　QIYE XINCHOU JINGXIHUA GUANLI SHICAO YIBENTONG

作　　者：吴　悦

责任编辑：王　佩　　　编辑部电话：(010)51873022　　邮箱：505733396@qq.com
封面设计：宿　萌
责任校对：焦桂荣
责任印制：赵星辰

出版发行：中国铁道出版社有限公司（100054，北京市西城区右安门西街 8 号）
印　　刷：北京铭成印刷有限公司
版　　次：2021 年 9 月第 1 版　　2021 年 9 月第 1 次印刷
开　　本：700 mm×1 000 mm　1/16　印张：18　字数：257 千
书　　号：ISBN 978-7-113-27598-3
定　　价：69.80 元

前言

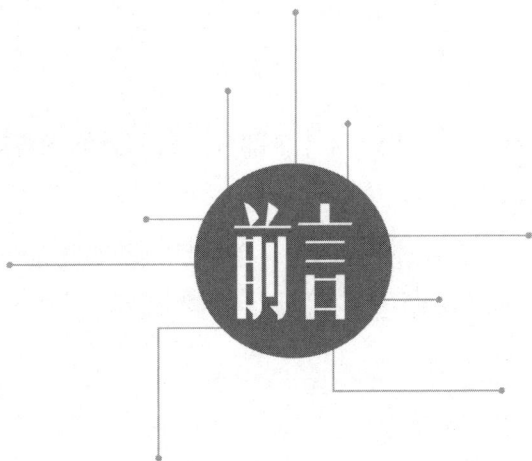

如今，企业竞争已经转变为人才的竞争，大量的优秀人才可以促进企业飞速发展。而在人才的引进和保留过程中，有一个不得不提及的关键因素——薪酬。

薪酬的高低是影响求职者是否应聘某岗位的一个重要因素，更是决定员工是否会继续留在一家公司的关键要素之一。因为薪酬不仅仅是员工自身价值的体现，也是一家公司管理和调控能力的体现，所以管理者对企业薪酬的管控不可掉以轻心。

很多人对薪酬管理存在误解，认为其只涉及员工薪酬发放和计算。这种观念是不正确的，实际上薪酬管理囊括了一系列工作，如薪酬结构设计、薪酬模式策划、考勤工资管理、员工绩效福利安排、企业薪酬总额的控制和管理、薪酬的计算与发放及对薪酬的动态调整等。

本书从薪酬的基本内容出发，按照薪酬设计、制作与管理的过程介绍了企业薪酬管理过程中的各项工作，并结合了大量企业薪酬管理实例和方法，帮助读者加深对薪酬管理的理解和认识。

全书包括 11 章内容，可分为 4 个部分，各部分的内容如下：

◎ 第一部分：第 1 ~ 2 章

该部分为本书的基础内容，主要是对薪酬及薪酬管理做基础介绍，帮助读者了解薪酬管理的内容和薪酬组成结构，为后面的学习打下基础。

◎ 第二部分：第 3 ~ 5 章

该部分主要是从薪酬模式的角度，对薪酬结构设计进行了介绍分析，然后针对不同的薪酬结构模式做了详细的介绍，并以典型的岗位员工薪酬为例做了分析。

◎ 第三部分：第 6 ~ 10 章

该部分为本书重点内容，主要介绍了企业薪酬管理过程中涉及的各项工作，包括考勤工资管理、绩效激励管理、薪酬总额控制、薪酬发放及个人薪酬动态管理。

◎ 第四部分：第 11 章

该部分为本书的最后一部分内容，主要是查缺补漏，针对薪酬管理过程中的各种疑难杂症提出相应的解决方案，以维持企业薪酬管理的稳定性。

本书在内容上注重知识的全面性及系统性，语言通俗易懂，并使用了大量的图示、图片和表格，增添了图书的趣味性，方便读者阅读。

由于编者能力有限，对于本书内容不完善的地方希望获得读者的指正。

编　者

目录

第一章 基础入门：揭开薪酬管理的神秘面纱

薪酬是对员工辛勤劳作支付的佣金，如果企业能够有一套规范、合理、科学并且合适的薪酬管理方法，就能更有效地吸引、保留和激励员工，从而增强企业的竞争优势。

第二章 薪酬内容：了解薪酬的组成内容

薪酬内容是薪酬设计和管理的重点，作为企业方来说，管理人员一方面要明白员工的工资类型，另一方面要结合企业实际情况丰富员工的薪酬类型，提高员工的薪酬水平。

第三章　薪酬结构：设计企业的薪酬模式

通过前面章节的学习，我们知道了薪酬的各种工资项目，但是并不是所有的工资项目都需要添加到企业薪酬结构中，企业需要根据自身所在行业特点和岗位特性，设计适合自己的薪酬模式。

第四章 模式全解：不同类型下的工资制度

　　根据薪酬结构设计侧重点的不同，薪酬模式分为多种，不同的模式适用于不同的岗位和企业，只有真正清楚了各个模式的优缺点和不同，才能更准确地为企业中的各岗位选择适合的薪酬模式。

第五章 薪酬实例：典型岗位员工的薪酬设计

前面详细地介绍了薪酬模式，了解了各种薪酬模式的特点，这一章我们将透过实际典型的岗位具体来看不同岗位的员工薪酬模式运用和设计。

第六章　考勤工资：考勤管理中的细节处理

考勤工资虽然在员工的薪酬结构中占比不大，但几乎所有的企业都会设置考勤工资，一方面是对员工全勤的激励，另一方面也是对员工工作态度的考察。可见，考勤工资在企业员工薪酬管理中占据了重要位置。

第七章　激励薪酬：充分调动员工积极性

激励薪酬也称为诱惑薪酬，很多管理者对激励薪酬的认识还停留在年终奖上，实际上激励薪酬有各种各样的形式和内容，能够对个人、团队或企业起到短期或长期的激励。

第八章 薪酬预算：总额数据的统计与管理

薪酬预算与管理对企业经营管理来说具有重要意义，它能够根据企业的规模、组织架构和人力资源结构情况评估企业薪酬总额的健康状态，判断企业是否存在人力成本过高的情况，以便及时做出相应的调整措施。

第九章　薪酬发放：员工工资的计算与发放

薪酬的发放是薪酬管理的关键，也是员工关注的重点，一方面需要企业精准计算员工的工资数额，另一方面要求企业准时发放。这看起来似乎很简单，但其中牵涉到的内容却极为丰富。

第十章　动态管理：员工个人薪酬的调整

薪酬的动态管理指针对企业中个别员工的升职、调职及降职等情况，而产生的个人薪酬调整，除了薪酬数额的变化之外，还可能牵涉管理人员或 HR 与员工交流沟通的问题。

第十一章　疑难处理：维持薪酬管理过程中的稳定性

在实际的薪酬管理过程中还会遇到各式各样的疑难杂症，需要管理人员特别注意，例如，如何应对员工的加薪要求，如何平衡新老员工之间的薪酬差，以及如何平衡上下级员工之间的薪酬差幅等。

第一章

基础入门：
揭开薪酬管理的神秘面纱

薪酬是对员工辛勤劳作支付的佣金，也是企业人力资源管理体系的重要组成部分。如果企业能够有一套规范、合理、科学并且合适的薪酬管理方法，就能更有效地吸引、保留和激励员工，从而增强企业的竞争优势。

1.1
薪酬管理的认识与实际运用

任何企业都有自己的薪酬管理办法，但是管理的效果却千差万别，这是由于许多企业的管理者对薪酬管理认识不足或认识错误而导致的。有的人将薪酬管理单纯地理解为员工薪酬的支付管理，或者是薪酬计算方法，这显然是错误的。实际上，薪酬管理包含的内容很多，涉及的范围很广，下面我们就来正确认识薪酬管理。

1.1.1　薪酬管理的目标与意义

在了解"薪酬管理"之前，我们首先要明白什么是薪酬？

薪酬指的是员工向其所在企业提供所需要的劳动而获得的各种形式的补偿，是企业支付给员工的劳动报酬。而薪酬管理指的是根据企业所处的发展阶段，结合当前的发展情况，制定出适合的薪酬方案，从而保证企业薪酬具有激励性和竞争性，以增强企业的竞争优势。

正因如此，每个企业的薪酬管理方案都具有其自身的特点。此外任何薪酬管理方案的制定都需要朝着 3 个目标去努力优化，才能保证薪酬管理的合理性和科学性，有利于企业健康发展。

◆ 目标一：提高企业的整理运行效率

企业的运营发展主要依靠员工的劳动付出，即通过员工的劳动，企业可以得到更丰厚的利润回报，所以薪酬管理的目标就是使内部交易成本最低，并引导员工朝着这个方向去努力。

一方面企业要想办法提高员工的薪酬水平，另一方面又要降低企业成本，因此要通过提升运行效率来实现，这也是薪酬管理方案设计的核心内容。

◆ 目标二：让员工工作保持高效率

企业发展的快慢很大程度取决于员工的工作效率、工作态度及工作结果的好坏，这要求员工在工作的过程中爱岗敬业。想要达到这一结果必须让员工发自内心对工作内容、薪酬水平及未来发展等感到满意，这也是薪酬管理的重中之重。

◆ 目标三：最终实现企业经济绩效的提高

企业通过运营和管理在获得高额利润的同时，还需要投入更多的资金、资源改善内部服务质量，即改善员工的薪酬水平，提高员工的工作满意程度，从而提升员工对企业的忠诚度，最终实现企业经济绩效的提高，这是一个循环的过程。

简单来说，薪酬管理就是站在员工的角度思考，在符合现实条件的情况下尽量满足员工的薪酬需求，这样才能够促进企业与员工共同发展。

1.1.2 从薪酬管理看企业文化

很多员工对企业文化没有正确的认识，认为不过是企业糊弄员工的一种方法罢了。不可否认，确实有一些企业在文化建设上脱离实际，给员工一种不实在的感觉。往往这些企业的文化建设都只是充当摆设，难以真正感染员工，更别说影响和激励员工了。

其实，企业文化与薪酬管理之间，也符合上层建筑与经济基础的二元论关系，即上层建筑反作用的性质取决于其服务的经济基础的性质。简单来说，我们看到的企业文化属于一个表象，但是其文化建设的本质则在于该企业自身的薪酬管理，即与员工息息相关的薪资水平、福利和绩效等。

因此，薪酬管理与企业文化是互相影响、互相发展的关系，具体体现在以下几个方面，如表 1-1 所示。

表 1-1　企业文化与薪酬管理联系的具体表现

项目	内容
薪酬分配机制	企业文化奠定了企业的价值观和目标追求，这在一定程度上决定了企业利润的分配方式，也就决定了薪酬体系中的薪酬分配机制
薪酬制定方向	企业文化决定了薪酬制度的制定方向，不同的企业文化催生出不同的薪酬制度
薪酬水平	薪酬的水平与企业文化理念具有一定的匹配性，简单举例，企业追求行业领导者，那么员工的薪酬水平也应当位于行业的领先水平
薪酬结构	企业的薪酬结构也与企业文化理念匹配，如果一个企业的薪酬结构复杂又不实在，势必会引发员工的不满

1.1.3　薪酬管理与企业人力资源管理的关系

对于企业人力资源管理我们并不陌生，其指的是企业中一切与人力资源有关的管理，包括企业员工的招聘、选拔、员工培训和绩效管理等工作，具体可以分为 6 个部分，如图 1-1 所示。

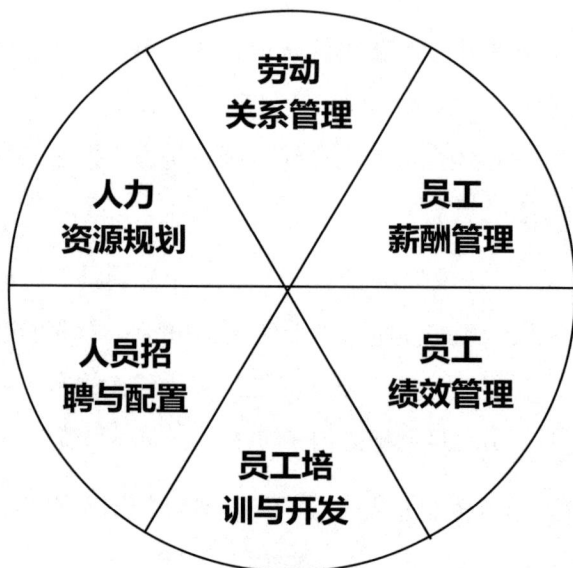

图 1-1

从上图可以看到，薪酬管理是企业人力资源管理中的一部分，它们属于包含的关系，但是薪酬管理不仅仅作用在人力资源管理内部，它还作用于人力资源管理的其他环节中，具体内容如下所示。

①薪酬管理对人员招聘与配置有着重要影响，因为往往薪酬水平的高低是员工选择工作职务的重要因素，高水平的薪酬更容易吸引到大量优秀的应聘者。

②在人力资源规划方面，薪酬水平的变动是促使企业内部人力资源更替的重要手段；例如升职加薪和降职调薪等。

③薪酬管理与绩效管理有着千丝万缕的联系，首先薪酬属于个人劳动成果，绩效属于企业经营成果。绩效管理需要结合员工的个人劳动成果和企业经营成果，而薪酬管理包含绩效管理。

④在劳动关系方面，薪酬也是最重要的问题之一，大多数劳动争议都是由薪酬问题引起的。所以有效的薪酬管理能够减少非必要的劳动纠纷，企业应建立和谐的劳动关系，维持企业稳定经营。

综上所述，薪酬管理与企业人力资源管理有着重要联系，要想通过人力资源管理最大程度调动企业员工，离不开对薪酬的管理。

1.2
薪酬管理的五大原则

企业在创建薪酬管理机制之前需要对薪酬管理的五大原则做一个基本的了解，这是设计薪酬管理办法的基础，也是保证薪酬管理办法科学性、合理性的前提。

1.2.1 公平性原则

公平性原则是薪酬管理的基础性原则，指的是薪酬的合理与公平分配。每一个员工都希望能够得到公平的薪酬待遇，这就要求企业建立一个公平的薪酬体系，才能够得到员工的认同，从而对员工起到激励作用。

但是需要引起注意的是，公平性原则指的是薪酬分配机会、分配尺度、分配过程及分配规则的公平，而不是简单粗暴式的"大锅饭"平均主义。此外，这种平均主义不仅不能体现不同员工的价值含量，也不能体现出员工个人的劳动成果，反而更表现出了不公平的一面。

薪酬管理中的公平性原则主要包括 5 个方面，如表 1-2 所示。

表 1-2　公平性原则的内容

项目	内容
机会公平	指每个员工都有同样的参与公平竞争的机会，例如绩效考核、竞聘上岗及薪酬管理等，不因性别、种族等因素产生歧视，适用于所有员工
外部公平	指员工的薪酬水平与行业薪资水平相当或高于行业薪资水平，如果员工发现企业薪酬水平远远低于外部同行时，其满意度就会大幅降低，从而产生各种不良影响，甚至可能离职
内部公平	指员工所获得的报酬必须与该岗位在企业内整个岗位体系中的价值成正比
个人公平	指员工工作岗位相同或类似，但绩效又需要体现出优秀、一般和绩效不良时的收入水平应该存在合理的差距，这样才能体现出员工个人对企业不同的贡献程度
管理过程公平	指薪酬的管理过程及薪酬的实施方式应该公平、公正，公开透明的薪酬制度更容易得到员工的支持和认同

薪酬管理的公平性会直接影响员工工作的热情和积极性，当员工对薪酬管理感到不公时，就会产生消极情绪，降低工作积极性，甚至影响工作，严重时还会影响公司的稳定性。

1.2.2　合法性原则

薪酬的合法性原则是薪酬管理制度存在的根本，一个不合法、不合规范的薪酬制度是不具备法律效应的，属于违法行为。一个科学的薪酬管理制度需要以法律法规作为约束力，从企业和员工互惠互利的角度出发，以实现企业与员工的双赢。

确定合法的薪酬管理制度主要从 3 个方面入手：制定合法的薪酬制度、薪酬制度执行过程要合法及企业的薪酬管理要合法。

◆　制定合法的薪酬制度

首先企业要确定制定的薪酬管理办法是合法的，这就要求薪酬管理制度在内容上要合法合规，即严格遵守国家相关法律法规制定薪酬制度；其次，制定程序上合法合规，包括拟定草案、讨论制度内容和表决生效；最后，制度制作完成之后还要将薪酬管理制度向员工进行公示，才能生效。

◆　薪酬制度执行过程要合法

企业薪酬制度执行的合法性主要体现在 3 个方面：①在劳动合同中明确与员工约定薪酬水平和相关内容；②特殊薪酬要明确发放方式，包括最低工资标准、计时工资和计件工资等；③加班工资额外说明，包括加班工资的计算方式、发放方式，同时还要注意加班工资的合法时效。

◆　企业的薪酬管理要合法

企业在薪酬管理上要合法，一方面思想上要引起重视，即不断地更新、学习相关的法律知识，完善薪酬制度存在的漏洞；另一方面，严格按照制度内容执行，做到有迹可循。

1.2.3　激励性原则

企业的薪酬制度还应打破呆板，增加薪酬的弹性幅度，通过绩效考核的方式提升员工的积极性，将员工的个人工资与公司业绩紧密结合，使员工在努力提升个人薪酬水平的同时，公司业绩同样能够稳定、持续地增长。

总而言之，薪酬激励主要具有两个方面的作用：一是充分调动员工的工作积极性，从而提高员工个人和企业的业绩水平；二是维护企业的稳定和发展。呆板固定的薪酬，时间一长容易引发员工的不满，让员工难以看到薪酬增长的希望，但是具有激励性的薪酬管理则可以有效降低员工的不良情绪，从而实现企业稳定发展。

薪酬激励的方法有很多，还要结合公司的实际情况，充分考虑各种因素，才能使薪酬的激励效果得到最大程度的发挥。该内容在本书的第 7 章会详细介绍，这里就不具体叙述了。

1.2.4　竞争性原则

随着市场竞争的加剧，越来越多的企业开始意识到人才的重要性，这就要求企业在设计薪酬管理制度时考虑薪酬的竞争性，才能让企业在行业中脱颖而出，吸引更多的优质人才。

充满竞争性的薪酬并不是单纯的高工资，而是对员工薪酬的全面化考虑，提升员工的薪酬满意程度。这里的薪酬不仅仅是指单纯的劳务报酬，也包括其他方面的激励，例如工作环境、晋升机会、培训机会及工作氛围等，都应该考虑到薪酬体系中。

具体来看，具有竞争性的薪酬体系应该包括物质薪酬和精神薪酬两个方面。在物质薪酬方面，企业应该完善每位员工的工资结构体系，在保障员工生活水平的同时，还要提高员工的薪酬水平，有条件的企业还应该积极开发其他方面的物质补充，例如住房津贴、商业保险、公司配车及运动健身等，以此提升薪酬的竞争性。

　　在精神薪酬方面，主要是指难以通过量化的薪酬来表现的激励形式，例如个人价值实现、个人荣誉表彰、国外进修机会、专业培训课程及工作挑战等，在丰富和完善薪酬结构的同时，提升员工对薪酬的满意度。

　　对企业薪酬设计管理而言，重要的是如何科学地平衡物质薪酬和精神薪酬。如果重物质薪酬轻精神薪酬，那么员工对企业的忠诚度和依赖性可能会大幅降低，这就使得企业容易出现优秀员工被同行挖角的情况；如果重精神薪酬轻物质薪酬，又难以满足员工日常的物质需求。

1.2.5　经济性原则

　　一个企业想要稳定、长久并且健康地发展，在设计企业薪酬体系时就不得不考虑薪酬的经济性原则。其实，就是让企业从自身实际情况出发，结合企业的发展情况和经济支付能力，设计现实可行的薪酬体系，让薪酬水平与企业的经济效应能力和承受能力保持一致。

　　经济性原则主要从两个方面来进行考虑：一是，从短期来看，企业的盈利收入必须满足企业员工的人力成本和原料成本，即企业的盈利收入需要维持企业的正常运转；二是，从长期来看，企业在维持正常运转的情况下，还要有盈余，这样才能支持企业追加和扩大生产，从而实现可持续化发展。

1.3
清楚相关法律法规后再做薪酬管理

　　通过前面的介绍，我们了解到薪酬设计管理需要遵循合法性原则，但是很多人并不知道，涉及的相关法律有哪些，下面我们就了解和认识一下相关法律法规。

1.3.1 工资相关的法律规定

工资是薪酬管理的主要内容，每位员工到企业工作都是为了能够获得工资，这既是员工生活的保障，也是自我价值的体现。但是实际上有许多的企业管理人员或员工由于对与工资相关的法律不甚了解，最终引发了一系列的劳动争议。

（1）入职时，签订劳动合同

员工入职时需要与企业签订劳动合同，明确双方的义务和权利，包括员工试用期也需要签订试用期劳动合同。劳动合同是劳动仲裁、解决劳动争议的重要文件。《劳动法》对劳动合同有明确的规定，如图1-2所示。

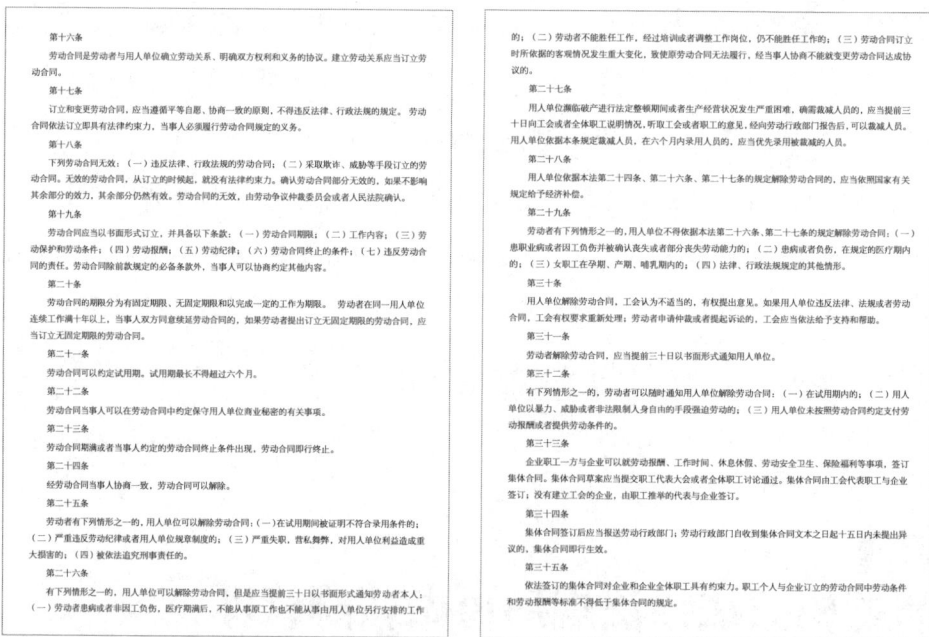

图1-2

（2）入职后，工资支付的相关规定

员工成功入职后，企业就有每月向员工支付工资的义务，国家对企业工资的支付也有明确规定，《工资支付暂行规定》是国家为维护劳动者通过劳动获得劳动报酬的权利、规范用人单位的工资支付行为而制定的，具体内容如图1-3所示。

第一条　为维护劳动者通过劳动获得劳动报酬的权利，规范用人单位的工资支付行为，根据《中华人民共和国劳动法》有关规定，制定本规定。

第二条　本规定适用于在中华人民共和国境内的企业、个体经济组织（以下统称用人单位）和与之形成劳动关系的劳动者。

国家机关、事业组织、社会团体和与之建立劳动合同关系的劳动者，依照本规定执行。

第三条　本规定所称工资是指用人单位依据劳动合同的规定，以各种形式支付给劳动者的工资报酬。

第四条　工资支付主要包括：工资支付项目、工资支付水平、工资支付形式、工资支付对象、工资支付时间以及特殊情况下的工资支付。

第五条　工资应当以法定货币支付。不得以实物及有价证券替代货币支付。

第六条　用人单位应将工资支付给劳动者本人。劳动者本人因故不能领取工资时，可由其亲属或委托他人代领。

用人单位可委托银行代发工资。

用人单位必须书面记录支付劳动者工资的数额、时间、领取者的姓名以及签字，并保存两年以上备查。用人单位在支付工资时应向劳动者提供一份其个人的工资清单。

第七条　工资必须在用人单位与劳动者约定的日期支付。如遇节假日或休息日，则应提前在最近的工作日支付。工资至少每月支付一次，实行周、日、小时工资制的，可按周、日、小时支付工资。

第八条　对完成一次性临时劳动或某项具体工作的劳动者，用人单位应按有关协议或合同规定在其完成任务后即支付工资。

第九条　劳动关系双方依法解除或终止劳动合同时，用人单位应在解除或终止劳动合同时一次付清劳动者工资。

第十条　劳动者在法定工作时间内依法参加社会活动期间，用人单位应视其提供了正常劳动而支付工资。社会活动包括：依法行使选举权或被选举权；当选代表出席乡（镇）、区以上政府、党派、工会、青年团、妇女联合会等组织召开的会议；出任人民法庭证人；出席劳动模范、先进工作者大会；《工会法》规定的不脱产工会基层委员会委员因工作活动占用的生产或工作时间；其它依法参加的社会活动。

第十一条　劳动者依法享受年休假、探亲假、婚假、丧假期间，用人单位应按劳动合同规定的标准支付劳动者工资。

第十二条　非因劳动者原因造成单位停工、停产在一个工资支付周期内的，用人单位应按劳动合同规定的标准支付劳动者工资。超过一个工资支付周期的，若劳动者提供了正常劳动，则支付给劳动者的劳动报酬不得低于当地的最低工资标准；若劳动者没有提供正常劳动，应按国家有关规定办理。

第十三条　用人单位在劳动者完成劳动定额或规定的工作任务后，根据实际需要安排劳动者在法定标准工作时间以外工作的，应按以下标准支付工资：

（一）用人单位依法安排劳动者在日法定标准工作时间以外延长工作时间的，按照不低于劳动合同规定的劳动者本人小时工资标准的150%支付劳动者工资；

（二）用人单位依法安排劳动者在休息日工作，而又不能安排补休的，按照不低于劳动合同规定的劳动者本人日或小时工资标准的200%支付劳动者工资；

（三）用人单位依法安排劳动者在法定休假节日工作的，按照不低于劳动合同规定的劳动者本人日或小时工资标准的300%支付劳动者工资。

实行计件工资的劳动者，在完成计件定额任务后，由用人单位安排延长工作时间的，应根据上述规定的原则，分别按照不低于其本人法定工作时间计件单价的150%、200%、300%支付其工资。

经劳动行政部门批准实行综合计算工时工作制的，其综合计算工作时间超过法定标准工作时间的部分，视为延长工作时间，并应按本规定支付劳动者延长工作时间的工资。

实行不定时工时制度的劳动者，不执行上述规定。

第十四条　用人单位依法破产时，劳动者有权获得其工资。在破产清偿中用人单位按《中华人民共和国企业破产法》规定的清偿顺序，首先支付本单位劳动者的工资。

第十五条　用人单位不得克扣劳动者工资。有下列情况之一的，用人单位可以代扣劳动者工资：

（一）用人单位代扣代缴的个人所得税；

（二）用人单位代扣代缴的应由劳动者个人负担的各项社会保险费用；

（三）法院判决、裁定中要求代扣的抚养费、赡养费；

（四）法律、法规规定可以从劳动者工资中扣除的其他费用。

第十六条　因劳动者本人原因给用人单位造成经济损失的，用人单位可按照劳动合同的约定要求其赔偿经济损失。经济损失的赔偿，可从劳动者本人的工资中扣除。但每月扣除的部分不得超过劳动者当月工资的20%。若扣除后的剩余工资部分低于当地最低工资标准，则按最低工资标准支付。

第十七条　用人单位根据本规定，通过与职工大会、职工代表大会或者其他形式协商制定内部的工资支付制度。并应如本单位全体劳动者公布，同时抄报当地劳动行政部门备案。

第十八条　各级劳动行政部门有权监察用人单位工资支付的情况。用人单位有下列侵害劳动者合法权益行为的，由劳动行政部门责令其支付劳动者工资和经济补偿，并可责令其支付赔偿金：

（一）克扣或者无故拖欠劳动者工资的；

（二）拒不支付劳动者延长工作时间工资的；

（三）低于当地最低工资标准支付劳动者工资的。

经济补偿和赔偿金的标准，按国家有关规定执行。

第十九条　劳动者与用人单位因工资支付发生争议的，当事人可依法向劳动争议仲裁机关申请仲裁。对仲裁裁决不服的，可以向人民法院提起诉讼。

第二十条　本规定自一九九五年一月一日起执行。

图1-3

另外，根据《工资支付暂行规定》确定的原则，现就有关问题作出如下补充规定。

《规定》第十一条、第十二条、第十三条所称"按劳动合同规定的标准"，是指劳动合同规定的劳动者本人所在的岗位（职位）相对应的工资标准。因劳动合同制度尚处于推进的过程中，按上述条款规定执行确有困难的，地方或行业劳动行政部门可在不违反《规定》所确定的总的原则基础上，制定过渡措施。

（3）加班时，员工加班的相关规定

根据行业性质的不同，很多企业会出现员工加班的情况，除了《工资支付暂行规定》对加班工资做核算支付规定之外，还有其他的相关法律也对员工的加班情况做了规定。具体如图1-4所示。

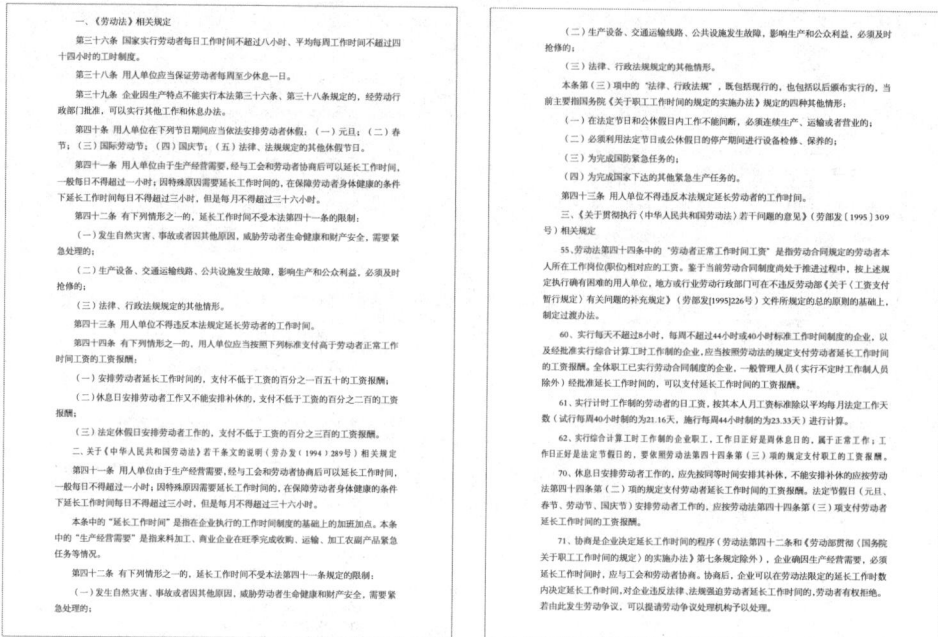

图1-4

1.3.2 社保相关的法律规定

如今，社保已经成了人们生活的重要保障，但是仍然有一些中小型企业存在不给员工缴纳社保的现象，这显然已经违反了相关法律规定。

社保就是社会保险，是指国家通过立法，按照权利与义务相对应原则，多渠道筹集资金，对参保者在遭遇年老、疾病、工伤、失业、生育等风险情况下提供物质帮助（包括现金补贴和服务），使其享有基本生活保障、免除或减少经济损失的制度安排。它的主要项目包括养老保险、医疗保险、失业保险、工伤保险和生育保险。社会保险属于国家强制性保险险种，任何建立了劳动关系的单位和个人都必须参加。对此，相关法律做了明确规定，具体内容如下。

1.《社会保险法》第四条规定，"中华人民共和国境内的用人单位和个人依法缴纳社会保险费，有权查询缴费记录、个人权益记录，要求社会保险经办机构提供社会保险咨询等相关服务。个人依法享受社会保险待遇，有权监督本单位为其缴费情况。"

2.《社会保险法》第八十六条规定，"用人单位未按时足额缴纳社会保险费的，由社会保险费征收机构责令限期缴纳或者补足，并自欠缴之日起，按日加收万分之五的滞纳金；逾期仍不缴纳的，由有关行政部门处欠缴数额一倍以上三倍以下的罚款。"

3.《劳动法》第七十二条规定，"社会保险基金按照保险类型确定资金来源，逐步实行社会统筹。用人单位和劳动者必须依法参加社会保险，缴纳社会保险费。"

4.《劳动法》第一百条规定，"用人单位无故不缴纳社会保险费的，由劳动行政部门责令其限期缴纳；逾期不缴的，可以加收滞纳金。"

5.劳动部关于印发《关于贯彻执行〈中华人民共和国劳动法〉若干问题的意见》通知中的第七十四条规定，"企业富余职工、请长假人员、请长病假人员、外借人员和带薪上学人员，其社会保险费仍按规定由原单位和个人继续缴纳，缴纳保险费期间计算为缴费年限。"

1.3.3　公积金相关的法律规定

公积金即住房公积金，它是住房制度改革的产物，只要符合缴存条件的用人单位内所有在职职工，无论其单位性质如何，无论其家庭收入怎样，无论其是否已有住房，用人单位和职工本人都必须按国家规定缴纳住房公积金。

《住房公积金管理条例》作为全国性条例对住房公积金做了全面的规定，尤其是对用人单位的职责做了明确的规定，具体内容如图1-5所示。

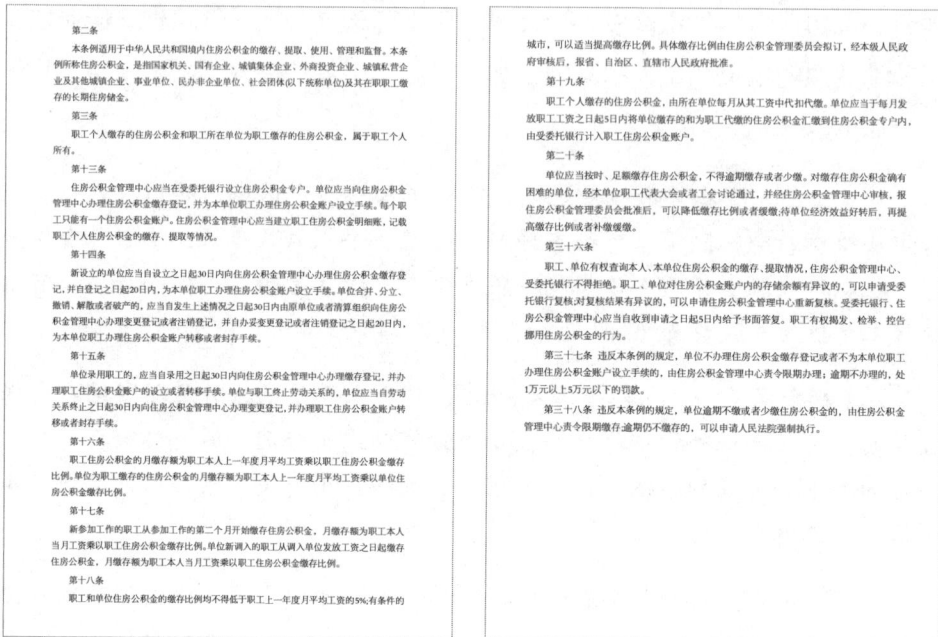

第二条

本条例适用于中华人民共和国境内住房公积金的缴存、提取、使用、管理和监督。本条例所称住房公积金，是指国家机关、国有企业、城镇集体企业、外商投资企业、城镇私营企业及其他城镇企业、事业单位、民办非企业单位、社会团体（以下统称单位）及其在职职工缴存的长期住房储金。

第三条

职工个人缴存的住房公积金和职工所在单位为职工缴存的住房公积金，属于职工个人所有。

第十三条

住房公积金管理中心应当在受委托银行设立住房公积金专户。单位应当向住房公积金管理中心办理住房公积金缴存登记，并为本单位职工办理住房公积金账户设立手续。每个职工只能有一个住房公积金账户。住房公积金管理中心应当建立职工住房公积金明细账，记载职工个人住房公积金的缴存、提取等情况。

第十四条

新设立的单位应当自设立之日起30日内向住房公积金管理中心办理住房公积金缴存登记，并自登记之日起20日内，为本单位职工办理住房公积金账户设立手续。单位合并、分立、撤销、解散或者破产的，应当自发生上述情况之日起30日内由原单位或者清算组织向住房公积金管理中心办理变更登记或者注销登记，并自办理变更登记或者注销登记之日起20日内，为本单位职工办理住房公积金账户转移或者封存手续。

第十五条

单位录用职工的，应当自录用之日起30日内向住房公积金管理中心办理缴存登记，并办理职工住房公积金账户的设立或者转移手续。单位与职工终止劳动关系的，单位应当自劳动关系终止之日起30日内向住房公积金管理中心办理变更登记，并办理职工住房公积金账户转移或者封存手续。

第十六条

职工住房公积金的月缴存额为职工本人上一年度月平均工资乘以职工住房公积金缴存比例。单位为职工缴存的住房公积金的月缴存额为职工本人上一年度月平均工资乘以单位住房公积金缴存比例。

第十七条

新参加工作的职工从参加工作的第二个月开始缴存住房公积金，月缴存额为职工本人当月工资乘以职工住房公积金缴存比例。单位新调入的职工从调入单位发放工资之日起缴存住房公积金，月缴存额为职工本人当月工资乘以职工住房公积金缴存比例。

第十八条

职工和单位住房公积金的缴存比例均不得低于职工上一年度月平均工资的5%;有条件的城市，可以适当提高缴存比例。具体缴存比例由住房公积金管理委员会拟订，经本级人民政府审核后，报省、自治区、直辖市人民政府批准。

第十九条

职工个人缴存的住房公积金，由所在单位每月从其工资中代扣代缴。单位应当于每月发放职工工资之日起5日内将单位缴存的和为职工代缴的住房公积金汇缴到住房公积金专户内，由受委托银行计入职工住房公积金账户。

第二十条

单位应当按时、足额缴存住房公积金，不得逾期缴存或者少缴。对缴存住房公积金确有困难的单位，经本单位职工代表大会或者工会讨论通过，并经住房公积金管理委员会审核，可以降低缴存比例或者缓缴;待单位经济效益好转后，再提高缴存比例或者补缴缓缴。

第三十六条

职工、单位有权查询本人、本单位住房公积金的缴存、提取情况，住房公积金管理中心、受委托银行不得拒绝。职工、单位对住房公积金账户内的存储余额有异议的，可以申请受委托银行复核;对复核结果有异议的，可以申请住房公积金管理中心重新复核。受委托银行、住房公积金管理中心应当自收到申请之日起5日内给予书面答复。职工有权揭发、检举、控告挪用住房公积金的行为。

第三十七条

违反本条例的规定，单位不办理住房公积金缴存登记或者不为本单位职工办理住房公积金账户设立手续的，由住房公积金管理中心责令限期办理;逾期不办理的，处1万元以上5万元以下的罚款。

第三十八条

违反本条例的规定，单位逾期不缴或者少缴住房公积金的，由住房公积金管理中心责令限期缴存;逾期仍不缴存的，可以申请人民法院强制执行。

图 1-5

需要注意的是，住房公积金和社保一样，都具有较强的法律约束力。不论用人单位与职工对缴存住房公积金约定与否，均不能免除用人单位按规定方式和金额为职工缴存住房公积金的法定义务。

第二章

薪酬内容：
了解薪酬的组成内容

薪酬内容是薪酬设计和管理的重点，不同的企业其工作内容和性质不同，这使其薪酬结构也不同。因此，作为企业方来说，管理人员一方面要明白员工的工资类型，另一方面要结合企业实际情况丰富员工的薪酬类型，提高员工的薪酬水平。

2.1
员工应得的工资类型

员工在企业通过自身的劳务付出，再结合所在岗位或所任职务特点，获得的工资为基本工资。企业在实际支付工资时的依据包括工资等级、工资标准、等级升级、工资调整及支付形式等一系列制度规定的综合，这就使得员工基本工资出现了多种类型。下面来看一个实际的公司薪酬管理制度。

| 范例解析 | 某公司薪酬管理制度

一、总则

按照公司经营理念和管理模式，遵照国家有关劳动人事管理和公司其他相关规章制度，特制定本制度。

本制度适用于公司全体员工（试用工和临时工除外）。本该制度所指工资，是指每个月定期发放的工资，不包含奖金。

二、工资结构

员工工资包括：岗位工资、绩效工资、工龄工资和学历工资。

三、公司根据不同的职务性质，分别制定管理层、后勤人员、生产人员和销售人员四类工资系列。员工工资系列使用范围如表2-1所示。

表2-1　员工工资适用范围

序号	工资系列	适用范围
1	管理层	总经理、总监、常务经理、部门经理
2	后勤人员	行政部、企划部、财务部
3	生产人员	从事生产、加工、包装的员工
4	销售人员	销售部门所有销售人员

四、为鼓励公司部门经理以上管理者积极工作，体现权、责、利相结合

的原则，公司按月发放职务工资，具体如表2-2所示。

表2-2　管理层浮动奖励工资

序号	职务	奖金（元）
1	总经理	月利润8%
2	总监	月利润5%
3	常务经理	月利润3%
4	部门经理	月利润1%

五、员工岗位工资，如表2-3所示。

表2-3　员工岗位工资

序号	岗位	工资（元）	序号	岗位	工资（元）
1	行政部经理	2 400	8	会计	1 800
2	企划部经理	2 400	9	仓管	1 500
3	生产部经理	2 400	10	驾驶员	1 500
4	财务部经理	2 400	11	销售店长	1 500+ 提成
5	营销部经理	2 000+ 提成	12	销售员工	1 000+ 提成
6	行政文员	1 500	13	售后服务	1 500
7	企划专员	1 500	14	生产部门员工	1 200

六、学历工资

为了吸纳更多高学历人才，特制定学历工资。学历工资按照员工的学历水平进行发放，具体标准如下所示。

1.大专院校毕业的员工，200元/月。

2.本科院校毕业的员工，500元/月。

3.硕士研究生员工或双学士员工，800元/月。

七、工龄工资

为了感谢老员工对公司付出和支持，实现利润共享，特制定工龄工资。

1.员工工龄工资设定的标准如下。

（1）在公司工作年满一年的员工50元/月。

（2）在公司工作年满三年的员工100元/月。

（3）在公司工作年满五年的员工200元/月。

（4）在公司工作年满八年的员工500元/月。

2.员工工龄工资500元封顶。

3.员工工龄计算方式：新员工工龄以"年"为单位，当月15日（含）以前入职的从当月计起，15日以后入职的从次月计起。

4.辞职后又复职的员工，原工龄取消，按新入职时间重新计算工龄。

八、销售部门绩效工资

销售部门员工工资主要以业绩作为导向，遵循按劳分配原则，特制定绩效提成工资，如表2-4所示。

表2-4　绩效提成工资

岗位提成等级	任务完成比例	提成百分比
销售人员	50%以下	3%
销售人员	50%～80%	5%
销售人员	80%～100%	8%
销售人员	100%以上	12%
销售店长	50%以下	5%
销售店长	50%～80%	8%
销售店长	80%～100%	12%
销售店长	100%以上	15%

2.1.1　员工岗位工资

上述案例充分展示了该公司的岗位工资情况。从表2-3的内容可以看出，该公司根据员工的工作特点和内容将员工分为了14个岗位类型，不同的岗位对应不同的薪酬水平，层级明显。对于岗位工资固定的岗位，经理级岗位工资最高2 400元，生产部门员工岗位工资最低1 200元，这是因为不同的岗位，工作难度、工作职责和工作任务等都对员工有不同的要求。

由此可以看出，员工岗位工资是通过岗位对任职人员在知识、技能和体力等方面的要求及劳动环境因素来确定员工的工作报酬。简单来说，就是以员工所在岗位的权利、责任、重要性、技能要求及劳动条件等要素作为评判薪酬的依据，岗位成为员工薪酬水平的唯一或主要评判标准。

岗位工资具有3个显著的特点，如图2-1所示。

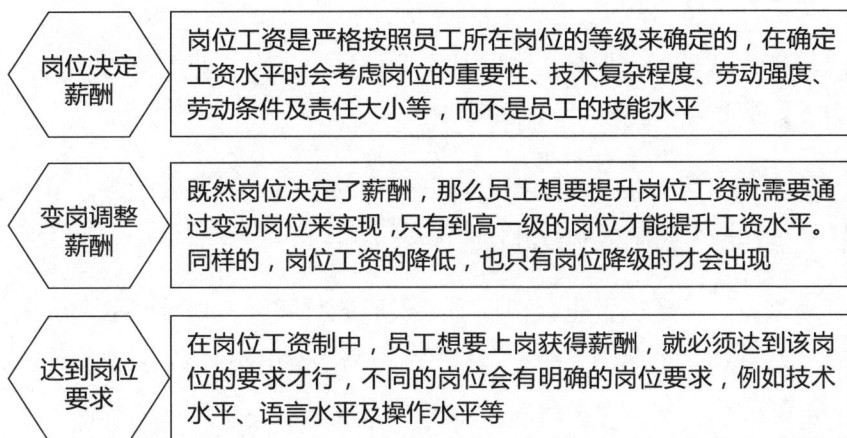

岗位决定薪酬	岗位工资是严格按照员工所在岗位的等级来确定的，在确定工资水平时会考虑岗位的重要性、技术复杂程度、劳动强度、劳动条件及责任大小等，而不是员工的技能水平
变岗调整薪酬	既然岗位决定了薪酬，那么员工想要提升岗位工资就需要通过变动岗位来实现，只有到高一级的岗位才能提升工资水平。同样的，岗位工资的降低，也只有岗位降级时才会出现
达到岗位要求	在岗位工资制中，员工想要上岗获得薪酬，就必须达到该岗位的要求才行，不同的岗位会有明确的岗位要求，例如技术水平、语言水平及操作水平等

图 2-1

2.1.2　员工学历工资

员工学历工资很好理解，就是根据员工在学习过程中取得的学历而给予适当工资，实际上就是将工资与知识进行有效结合。需要注意的是，学历工资一般属于公司的福利范畴。

在上述案例的第六条中，该公司制定了学历工资，将员工分为了 3 个层次：第一层为大专学历员工，可以得到每月 200 元的学历工资；第二层为本科学历员工，可以得到每月 500 元的学历工资；第三层为硕士研究生或双学士员工，可以得到每月 800 元的学历工资。

可以看到，学历工资的制定能够有效提升员工参与学习和培训的积极性，促使员工不断学习和掌握新的知识，还能降低高学历人才的流失率。但是，学历只能证明学习成绩，而不完全等同于员工的能力，所以仔细观察可以发现，每个层级的学历工资差距不大，每一级别的学历工资增长幅度较低。尤其是在技能性较强的企业中，这种学历工资的差距会更低。

2.1.3　员工工龄工资

工龄工资就是工作年龄工资，是企业根据员工在企业工作的时间，考虑员工对企业的劳动贡献给予的经济补偿。

上述案例中第七条，明确指出了该公司的工龄工资发放办法，事实上这也是比较实用的工龄工资制定办法。

通常来说，工龄工资也会根据员工入职的时间长短划分成多个层次，大多数企业会分为 4 个层级，即 1 ~ 3 年，为第一个层级；3 ~ 5 年，为第二个层级；5 ~ 10 年，为第三个层级；10 年以上为第四个层级。如果员工工龄达到 10 年以上会以一个固定的工龄工资作为封顶。不同的层级对应不同的薪酬水平，层级越高，得到的工龄工资也越高。

员工工龄工资通过线形图来表示更清晰，如图 2-2 所示为员工工龄工资示意图。

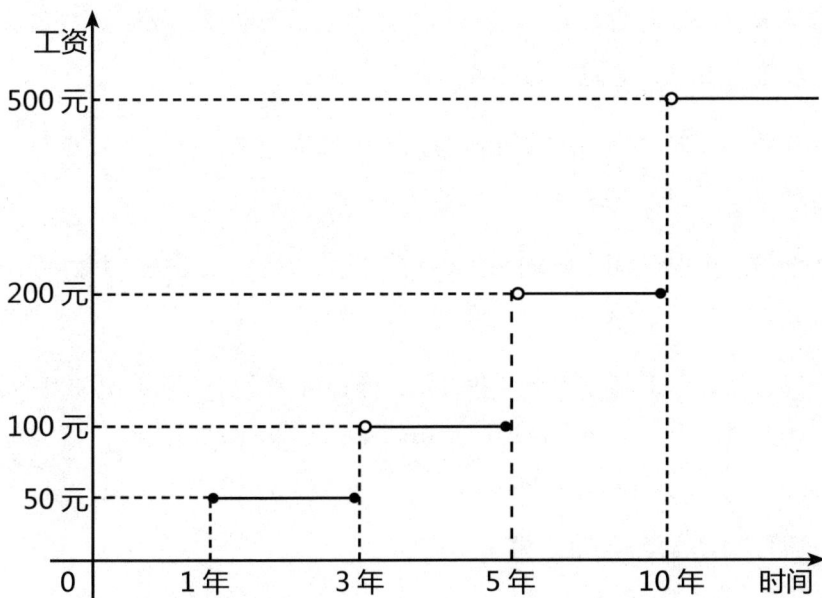

图 2-2

2.1.4　员工绩效工资

员工绩效工资是指以员工工作结果和工作效率作为评判依据，确定员工薪酬水平的工资。员工绩效工资体现了以业绩取酬原则，企业利用绩效工资对员工进行调控，激发员工工作的积极性，从而提高企业整体业绩水平。

在上述案例中，企业的绩效工资主要表现在销售部门的员工中，销售人员以自身的销售任务业绩情况作为绩效工资的核算依据，获得不同的薪酬。但在实际的企业薪酬管理中，业绩是一个比较综合性的概念，除了销售人员的销售业绩之外，还包含其他数据，例如产品数量、产品质量及客户评价等。

绩效工资与其他工资相比有以下 4 点优势。

①将员工个人收入与员工的工作情况直接关联，鼓励员工通过自己的努力提高薪酬水平，在为公司带来更多利益的同时，不增加企业的固定成本。

②绩效工资能够直接对员工起到激励作用，帮助员工不断改进自身的工作能力和工作方法，从而提高绩效，获得更高薪资。

③绩效工资制可以帮助企业快速区分出优秀员工，帮助企业进行人才培养和管理。

④绩效工资制使绩效好的员工得到了鼓励，产生公平感，从而帮助企业留住人才。

所以，绩效工资制被广大企业采用，而且根据企业实际情况和发展需求，绩效工资制可以灵活调整，这样一来更能符合企业的实际需要。

2.1.5　管理层浮动奖励工资

在基本工资类型中比较特殊的就是管理层浮动奖励工资了。首先它针对的是管理层员工，是属于少部分人的薪资奖励。其次，这部分薪资通常是浮动的，与企业该阶段的获利情况直接相关。

因为每个企业的管理层员工对企业的发展都有着至关重要的作用，他们一旦流失往往会给企业带来沉重的打击。所以为了帮助企业留住人才，也为了补偿管理人员在工作中承担的各类风险，大部分企业都会设置管理层奖励性薪资，这是针对普通员工之外的福利。

如上述案例中的第四条，该企业为管理层设置了浮动奖励工资，并将工资与企业当月的利润相关联，再根据岗位级别的不同确定不同的奖励薪资比例。如总经理浮动奖励工资为当月利润的 8%；总监浮动奖励工资为当月利润的 5%；常务经理浮动奖励工资为当月利润的 3%；部门经理浮动奖励工资为当月利润的 1%。

这样的薪酬分配方式体现了权、责、薪的统一性，也将企业与管理层紧密关联，提高了管理层工作的积极性，也能提高管理层对企业的忠诚度。

2.2
企业可以添加的补充薪酬

除了大部分企业都会设置的员工基本薪酬之外，有的企业还会根据自身的发展情况或岗位特殊性，为员工添加补充薪酬，一方面可以体现出企业文化，表达出企业的人文关怀，另一方面能让员工得到实实在在的好处，从而提高员工对企业的依赖性。

2.2.1　针对岗位特殊性发放的津贴

特殊岗位津贴指的是针对一些特殊性的岗位而发放的补贴性津贴。特殊岗位主要是指从事井下、高空、高温、特别繁重体力劳动和其他有害身体健康工作的岗位。

特殊岗位津贴主要分为两类：一类是国家或地区、部门统一制定的津贴，具有强制性；另一类则是企业根据自身情况和行业性质，自行建立的津贴。国家统一建立的津贴，一般在企业成本中列支；而企业自建的津贴，一般在企业留利的奖励基金或效益工资中开支。

如表 2-5 所示为国家规定按月发放的特殊岗位津贴。

表 2-5　国家规定按月发放的特殊岗位津贴

序号	岗位津贴名称	发放范围	发放标准
1	医疗卫生津贴	从事或直接接触有毒、有害、传染危险的相关人员	每人每月 4 ~ 15 元
2	城市社会福利工作人员岗位津贴	社会福利事业单位工作人员	每人每天 0.2 ~ 0.4 元
3	农林科技浮动工资	县以下农林一线科技干部	向上浮动一级

续上表

序号	岗位津贴名称	发放范围	发放标准
4	广播电视播音员津贴	电台、电视台相关工作人员	每人每月5、6、8元
5	教师教龄津贴	各级学校和其他教育机构的相关工作人员	每人每月3、5、7、10元
6	特殊教育津贴	工读学校、盲聋哑等特殊教育学校的职工	按基本工资15%发放
7	护士护龄津贴	各级医疗机构相关工作人员	每人每月3、5、7、10元
8	殡葬工作人员特殊行业津贴	一线、二线工作人员及公募管理人员	每人每月30～40元
9	广播电视天线工岗位津贴	广播电视天线工	保健津贴每人每天0.6元，高空作业津贴每人每天0.4～1.8元
10	中小学班主任津贴	班主任工作人员	每人每天8～15元
11	林业系统从事有毒有害工作人员岗位津贴	全民所有制的林业事业单位相关工作人员	每人每月450元、350元、260元
12	地质勘探职工野外津贴	地质勘探单位相关人员	每人每天8元、8.5元、9元
13	农业工作人员有毒有害保健津贴	农业有毒有害岗位工作人员	每人每天2～3元
14	畜牧兽医医疗卫生津贴	畜牧兽医工作人员	每人每天2～3元
15	城市下水道工人岗位津贴	直接接触有毒有害物质的下水道养护工人等	每人每天3、4、7元
16	城市环境卫生工人岗位津贴	粪便清除、运输、处理人员等	每人每天3、4、5元
17	环境保护检测津贴	从事毒性物质研究工作等	每人每天2.5、3、3.5元

续上表

序号	岗位津贴名称	发放范围	发放标准
18	卫生防疫津贴	从事卫生防疫相关工作人员	每人每天 3 ~ 9 元
19	特级教师津贴	被授予"特级教师"称号的教师	每人每月 300 元
20	艰苦广播电视台站津贴	地方所属的艰苦广播电视台站	每人每天 8 ~ 40 元
21	艰苦岛屿作业津贴	地方所属的艰苦交通航标站和艰苦海洋环境监测站	每人每天 25 ~ 70 元

另外，对于特殊岗位，按国家规定对其原工资构成比例做出相应的提高，具体内容如表 2-6 所示。

表 2-6 特殊岗位原工资构成比例提高部分

序号	所属系统	特殊岗位范围	提高比例
1	文化系统	图书、文博、档案、群众文化等长期接触有害物质的岗位	8% ~ 10%
2	环保系统	高空、高温、水上和重污染现场作业人员	10%
3	水利系统	县以下水文测站工作人员	8%
4	民政系统	优抚、社会福利、殡葬事业单位的一线工作岗位	8% ~ 15%
5	交通系统	公路养护事业单位的县级以下野外艰苦工作岗位	5%
6	建设系统	城市环境卫生、风景园林、市政事业单位的一线工作岗位	10%

除了国家规定的标准之外，企业通常会结合自身的实际情况，包括盈利情况、岗位特殊性及员工工作条件等，在符合国家规定的基础上再给予员工适当的补助。例如，夏季对室外高温作业的员工发放高温补助。

| 范例解析 | 高温补助政策下企业推出"带薪高温假"

高温补助是为了在夏季高温炎热的环境下，保障职工在劳动生产过程中的安全和身体健康，决定适当提高职工夏季清凉饮料费发放标准。国家规定，用人单位安排劳动者在高温天气下（日最高气温达到35℃以上），露天工作及不能采取有效措施将工作场所温度降低到33℃以下的，应当向劳动者支付高温补贴。

虽然高温补贴比较常见，很多企业都有这个福利，这也是国家的规定，但是因为各个企业的实际情况不同，岗位环境也不同，所以该项政策并不是强制性的规定。

夏季气温较高、天气炎热，为许多岗位的工作加大了难度，杭州某电子集团为缓解高温带来的不适感，保障员工的身体健康，让企业上千名员工集体休假10天。无论是老员工还是新员工，都能享受10天长假，同时在放假期间，员工不但正常带薪，还可以领取高温补助。

高温带薪假期，是企业对员工的一种人文关怀，也是为员工利益考虑而做出的调整，员工休息好了，工作效率也能得到提高，是一项双赢的措施。

2.2.2 保证工资水平而发放的补贴

有的企业为了保证员工的工资水平不受物价上涨或变动的影响，会向员工提供物价补贴。物价补贴包括如肉类等的价格补贴、副食品价格补贴、粮价补贴、煤价补贴、住房补贴及水电补贴等。

一般企业会根据员工工作的实际需求，再结合企业自身的实际情况给予员工适当的补贴，常见的补助类型有如下几项。

◆ **交通补贴：** 由于工作性质，需要员工长期在外跑业务的话，许多公司都会为员工提供交通补贴，而补贴的程度会根据实际情况进行安排。

◆ **通信补贴：** 由于工作性质，需要员工长期电话联络客户的时候，许多公司会适当为员工提供一些通信补贴，补贴程度视情况而定。

◆ **服装补贴**：服装补贴即企业为员工免费提供工作服装，或是根据实际工作情况为员工补贴置装费用。

◆ **就餐补贴**：企业根据员工的出勤情况为员工提供就餐补贴，或为员工提供免费的午餐。

◆ **出差补贴**：工作性质属于需要员工长期出差的情况，许多公司都会为员工提供出差补贴，补贴的程度会根据实际情况而定。

◆ **住房补贴**：有的企业为员工提供员工宿舍，或对不住在宿舍的员工提供住房补贴。

◆ **职工生活困难补贴**：对企业中生活比较困难的员工提供的适当性的生活补贴。

需要引起注意的是，根据《个人所得税法实施条例》（国务院令第707号）第六条第一款的规定，"工资、薪金所得，是指个人因任职或者受雇而取得的工资、薪金、奖金、年终加薪、劳动分红、津贴、补贴及与任职或者受雇有关的其他所得。"

另外根据《国家税务总局关于生活补助费范围确定问题的通知》（国税发〔1998〕155号）规定，"生活补助费是指由于某些特定事件或原因而给纳税人本人或其家庭的正常生活造成一定困难，其任职单位按国家规定从提留的福利费或者工会经费中向其支付的临时性生活困难补助。

下列收入不属于免税的福利费范围，应当并入纳税人的工资、薪金收入计征个人所得税：（一）从超出国家规定的比例或基数计提的福利费、工会经费中支付给个人的各种补贴、补助；（二）从福利费和工会经费中支付给本单位职工的人人有份的补贴、补助；（三）单位为个人购买汽车、住房、电子计算机等不属于临时性生活困难补助性质的支出。"

因此，企业支付给员工的各类补贴、补助，包括交通补贴、通信补贴、服装补贴、就餐补贴和住房补贴等，应合并到当月工资薪金所得计征个人所得税。而出差补贴和职工生活困难补贴则不计入当月工资薪金所得，不计征个人所得税。

2.2.3 体现企业文化而发放的福利

有的企业还会从员工的实际需求出发，为员工提供一些特色的福利，这些福利形式丰富多样，不局限于薪资，例如员工健康体检、生日礼物、节日慰问及恋爱奖金等。这些福利在丰富员工薪资待遇的同时，也体现出了企业文化，表达了企业对员工的人文关怀。

| 范例解析 | 阿里巴巴多方位"福"及员工

阿里巴巴作为国内的龙头电商企业，在员工福利待遇方面一直不遗余力，在为员工提供良好福利的同时，也展现出了阿里巴巴对员工的重视。

阿里巴巴为员工提供的各种各样的福利，总体来看，可以分为三大领域，即财富保障、生活平衡和健康保障，具体包括23个项目，以便能够从方方面面提高和改善员工的生活水平，让员工安心工作，从而增强员工对企业的归属感。

（一）财富保障

1.蒲公英计划：蒲公英计划是鼓励员工之间能够相互团结，提高互相保障和自我保障意识，设立阿里自己的公益基金，阿里员工每人每年缴纳一点钱，将在员工及其家庭（配偶、子女）面临重疾、残疾或身故时给予最高20万元的经济救援。

2.彩虹计划：彩虹计划是阿里巴巴集团为了帮助遭遇重大自然灾害、突发事件或重大疾病等不幸而生活出现重大困难的企业员工，公司将给予一次最高5万元的无偿援助金。

3.iHome置业计划：为了缓解阿里员工的住房物价压力，阿里巴巴公布了iHome计划。计划内容包括：①提供30亿无息贷款开展"iHome"计划，帮服务两年以上满足相关条件的大陆员工置业；②投入5亿设教育基金，以共同办学和已有学校合作方式帮员工解决子女学前和小学教育问题；③向基层员工发放一次性物价和子女教育补贴，缓解物价压力。

4.小额贷款：阿里员工在结婚、装修、买车、旅行和培训等综合性消费需要贷款时，与商业银行协议提供优惠的小额消费贷款，以便解决员工临时性的资金需求。贷款利率优惠，没有抵押，手续简单快捷。

5.教育基金：阿里巴巴设立了教育基金，企业与杭州市已有学校合作，为阿里员工的孩子提供部分的入学名额之外，还利用该基金投入硬件设施建设，联合相关教育机构共同办学。

（二）生活平衡

阿里巴巴在生活方面，除了有与一般企业类似的法定福利之外，还推出了一些具有阿里特色的员工福利，具体如下所示。

1.集体婚礼：企业的集体婚礼是阿里的传统，上一年4月10日至本年4月10日范围内结婚的员工都可以参加，企业CEO主婚，全阿里人观礼。

2.五年陈：在阿里企业文化中，按照酒的年份对员工入职年限进行分级。工作1年，阿里员工被视为"一年香"；工作3年是"三年醇"；而工作5年则是"五年陈"。按照工龄会取得相应纪念物品，"五年陈"就是完完全全的阿里人，颁发一枚白金戒指。

3.特色路途假：除了法定的节假日之外，阿里还提供每年一次最长3天的特色路途假，方便员工探望异地的父母、配偶，让员工能够享受家庭时光。

4.孕妇休息室：为了方便准妈妈和哺乳期妈妈，阿里巴巴每层楼的安静位置都安排了妈咪休闲室和备奶间，房间全都配置专属门禁。孕妇休息室有专用的躺椅，备奶间有冷藏柜和置物架。

5.iBaby教育：阿里巴巴为员工提供了iBaby教育项目，为员工子女入学提供政策资讯，解决困难子女的学前和小学教育问题，并且定期开展育儿培训、组织亲子活动和制作亲子杂志等丰富的员工活动。

（三）健康保障

在健康保障方面，阿里巴巴也从各个方面，来关怀员工个人及其家人的身体健康。

1.员工年度体检：阿里巴巴为每位员工提供一年一次的身体健康检查，以便尽早预防各类健康风险。

2.健康大讲堂：邀请行业内资深专家或知名人士为员工及其家属提供疾病防治、职场压力及亲子教育等一系列的身心健康课堂。

3.补充医疗：除了法定的医疗保险之外，阿里巴巴还为员工购买了补充性的医疗保险，以便减轻员工的医疗负担。

4.重大疾病就医协助：员工确诊重疾，阿里将为员工提供最大程度上的就医通道、疾病解读和愈后评估等生理协助。

5."康乃馨"计划：康乃馨计划是阿里为员工提供的关爱父母计划，即除了员工本年一年一次的工费体检之外，还享有2名公费体检的名额用于父母体检，包括本人父母或配偶父母。

正是因为阿里巴巴为员工提供的这些福利项目，大大提升了员工工作的幸福感，也提升了员工工作热情和对企业的忠诚度。另外，通过这些实实在在的福利计划，也让员工真切地感受到了企业的人文文化和价值观，提升了企业凝聚力。

通过上述案例，我们可以看到，阿里巴巴在员工福利方面做得比较透彻，也很全面。除了保障员工的薪酬水平之外，还可通过各种各样的福利计划解决员工住房、生活、就医及结婚等一系列问题，让员工没有后顾之忧，安心工作。

当然，作为电商行业的龙头企业，阿里巴巴有这个实力和能力，不过对于一般的中小企业而言，员工的福利应该从企业的实际情况出发，不要打肿脸充胖子，否则企业可能会被员工福利这类非必需项目拖垮。

另外，从阿里巴巴员工福利我们可以看出，在员工福利设置方面企业应该从员工的实际需求出发，这样的福利才是员工需要的，才会得到员工的支持和喜欢。因此，企业在设置时，小的方面可以从改善饮食条件、提高办公环境及节日慰问等入手；大的方面可以结合员工住房、子女入学及健康保险等方面优化福利体系。

2.3
对员工法定福利的管理

为了保障劳动者的合法权益，国家出台了一系列福利管理条例，其中最为重要、最受人关注的就是五险一金，下面我们来详细讲解。

2.3.1　五险一金是怎么回事

五险一金是指用人单位给予劳动者的几种保障性待遇的合称，包括养老保险、医疗保险、失业保险、工伤保险和生育保险及住房公积金，如图 2-3所示。

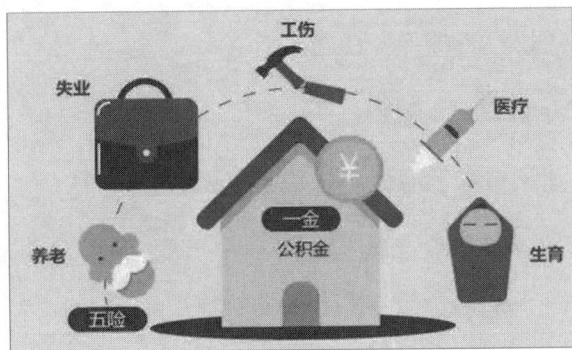

图 2-3

从图 2-3 可以看到，五险实际上是从生、老、病和失业几方面来为员工的生活添加一层保护伞，为员工解决后顾之忧。而住房公积金可以看作是一个定向的买房储蓄罐。

五险也就是我们常说的社会保险，即社保，里面包含 5 种类型的保险，不同的保险具有不同的作用，具体如下。

◆ 养老保险

养老保险是指劳动者达到法定退休年龄后就可以在社会保险部门指定的地方领取养老金，用以保障退休之后的基本生活需要。

但是领钱需要满足条件，首先退休前养老保险要交满 15 年，如果不够 15 年则不能领取。但是个人交的部分会退还到个人，而公司交的部分则不能领取。另外，职工还要达到法定的退休年龄，并且已经办理退休手续才可以。

需要注意的是，交满 15 年并不是只交 15 年。15 年是退休后享受养老金待遇的最低年限要求，缴费时间的长短会直接影响退休后养老金的领取额度，所以缴费的时间越长，退休后领取的费用也就越多。

此外，达到法定退休年龄时累计缴费不足 15 年的，可以交至满 15 年后按月领取基本养老金，也可以转入新型农村社会养老保险或者是城镇居民社会养老保险，按照国家规定享受相应的养老保险待遇。

职工退休后可以享受的养老待遇如下所示。

①按月领取养老金。

②死亡后，遗属可以领取丧葬补助金和抚恤金。

③参与每年的养老保险待遇上涨（为了应对通货膨胀，国家建立了养老金的调整机制，每年提高养老保险的待遇水平）。

◆ 医疗保险

医疗保险主要用于员工日常看病吃药，它分为两个部分，即个人缴纳部分和企业缴纳部分。个人缴纳的部分会存到个人账户中，类似于银行卡，看病吃药可以直接刷卡，但是不能取现。

企业缴纳的部分进入了统筹基金，当出现生大病的情况时，就可以通过医疗保险进行部分报销。

◆　失业保险

失业保险是指国家通过立法强制实行的，由社会集中建立基金，对因失业而暂时中断生活来源的劳动者提供物质帮助进而保障失业人员失业期间的基本生活，促进其可就业的制度。

但是失业金领取时需要满足以下 3 个条件。

①失业前用人单位已经为员工缴纳失业保险累计满一年的。

②非因本人意愿中断就业的。

③已经办理失业登记，并有求职要求的。

其中需要重点理解的是第二点"非因本人意愿中断就业"，即如果是企业破产倒闭产生的失业，可以领取失业金；但如果是主动辞职造成的失业，则不能领取。

对于失业保险金的领取也有明确的规定，具体如图 2-4 所示。

1. 按月领取的失业保险金，领取期限有以下规定：缴费 1 ~ 5 年，最长领 12 个月；缴纳 5 ~ 10 年，最长领 18 个月；缴费 10 年以上，最长领 24 个月

2. 享受失业保险金期间的医疗补助，住院可以报销医疗费用

3. 失业人员若在领取失业保险金期间死亡，遗属可以领取丧葬补助金和家属抚恤金

4. 领取的额度各地有不同的标准，通常为失业保险关系所在地最低工资标准的 70% 到 90%

图 2-4

◆ 工伤保险

工伤保险即员工在工作期间受伤，或在某些特定的环境下，遭遇意外或患上职业病，导致暂时或永久丧失劳动能力甚至死亡时，劳动者或其遗属获得的相应的医疗救助和经济性补偿。

工伤保险需要对员工工伤范围进行划定，具体如下所示。

①在工作时间和工作场所内，因工作原因受到事故伤害的。

②工作时间前后在工作场所内，从事与工作有关的预备性或者收尾性工作受到事故伤害的。

③在工作时间和工作场所内，因履行工作职责受到暴力等意外伤害的。

④患职业病的。

⑤因工外出期间，由于工作原因受到伤害或者发生事故下落不明的。

⑥在上下班途中，受到机动车事故伤害的。

⑦法律、行政法规规定应当认定为工伤的其他情形。

◆ 生育保险

生育保险主要是针对女性职工，指女性职工在生育期间不得不中断劳动时，由国家和社会提供津贴、产假和医疗服务的社会保险。另外，需要注意的是，无论女职工的妊娠情况如何，都可以按照规定得到应得的补偿，即包括流产、引产等意外情况。

对于男性职工，生育保险可以休带薪产假。若配偶没有参加职工医保、居民医保，而男性职工已经缴满 10 个月的生育保险，则生育医疗费用按"在职女职工"费用标准的 50% 享受。

◆ 住房公积金

住房公积金是指国家机关、国有企业、城镇集体企业、外商投资企业、城镇私营企业及其他城镇企业、事业单位、民办非企业单位、社会团体（以下统称单位）及其在职职工缴存的长期住房储金。它在特定情况下才能取出，例如租房、盖房或装修。职工贷款买房时，住房公积金能带来低首付、低利率的优势。如果职工的住房公积金一直没有取出，那么退休时可以一次性全部取出可用于养老或作其它处理。

2.3.2 新公司社保开户处理

每位员工都要购买社保，且拥有自己的社保账户，但是大部分人都不清楚社保是怎么开户的。因为大部分人的社保都是由企业直接代办的，但作为企业方而言，就不得不深入了解社保的开户处理。

社保开户实际上很简单，只要企业办理人员将资料提前准备齐全到社保大厅进行办理即可，具体需要的资料如下所示。

①单位需要办理社保人员的名单及身份证原件、复印件。

②新办人员需要的劳动合同原件及复印件。

③续保人员，确保个人窗口已报停或前单位已报停。

④填写表格：在职职工社保异动表、职工信息登记表和公司开户登记表。

⑤公司营业执照、代码证、法人身份证的原件及复印件、公章、职工名册和工资表，到单位所属区域社保局开户。

企业正常运营之后需要每月按时为员工缴纳社保，具体办理方法如下。

①企业需要在成立之日起三十日内去社保局办理社保开户，社保开户后会拿到《社保登记证》。

②单位每月都必须把企业新增的员工添加进单位的社保账户中，并把已经离职的员工从账户中删除。社保账户是一个独立的账户，增减员工的操作必须要在账户中进行。

③单位每月需要为员工申报正确的社保缴费基数，以确保社保的正常缴纳。社保的缴费基数以员工上年度平均工资或入职首月工资为准。

④如果企业、银行和社保管理机构三方签订了银行代缴协议，则社保费用将在每月固定时间从企业银行账户中直接扣除。当然企业也可以选择通过现金或者支票的形式前往社保局现场缴费。

需要注意的是，每个企业必须为员工办理社保，否则属于违法行为。

第三章

薪酬结构：
设计企业的薪酬模式

通过前面章节的学习，我们知道了薪酬的各种工资项目，但是并不是所有的工资项目都需要添加到企业薪酬结构中，企业需要根据自身所在行业特点和岗位特性，通过一系列的方法和技巧，设计适合自己的薪酬模式。

03

3.1
岗位分析工作不能少

岗位分析是薪酬设计的前提，若要精准评估出各个岗位的薪酬水平，首先需要了解该岗位的工作内容、重要性、难易程度及价值等，才能消除不同公司间由于职务差异导致的不同。

岗位分析通常包括 4 个阶段，即分析前的准备工作→收集资料→分析资料→撰写岗位说明书，下面一起来了解相关内容。

3.1.1 岗位分析前应做的准备工作

岗位分析前的准备工作主要是从人员配置、流程规划和岗位选择入手，具体内容如下所示。

◆ 建立一只岗位分析小组

专项专人，即想要得到准确的分析结果，首先需要配置专门的负责人员，才能心无旁骛地专注岗位分析。

在选择岗位分析小组成员时要慎重，除了人力资源的资深责任人之外，还要选择对企业文化、背景及战略方向详细了解的人。因为后期的岗位分析及撰写岗位说明书与企业战略发展息息相关，只有深刻了解的人才能将企业的战略目的具体分解到每一个岗位中。

另外，分析小组组成完毕之后，还必须确保小组人员活动的独立性，避免受到外界的干扰，影响分析的准确性。

◆ 选择被分析部门及岗位

分析小组组建之后，还要确定被分析的部门和岗位。选择时要根据企业的行业性质，选择特点性最强，且具有分析意义的岗位。例如，一个销售公司，选择分析的岗位时，应该选择销售部门的销售岗，而非前台、后勤或保洁等岗位。

◆　选择信息来源

岗位分析还需要对岗位进行信息收集，信息来源包括公司组织结构图、流程图及公司管理制度等书面文件。另外，还可以设计调查问卷，通过岗位任职者、管理监督者及客户的评价等，多角度了解该岗位的真实情况。

需要注意的是，在设计调查问卷时，可以参考网上同类岗位的调查问卷，但是要结合企业的实际情况，酌情修改调整，使调查问卷更适合，切不可照抄照搬。

3.1.2　针对不同岗位做好资料收集

岗位资料收集实际上就是针对不同的岗位确定岗位的相关信息，包括但不局限于以下几点。

①岗位名称——该岗位的名称是什么？

②岗位上的在岗人数——该岗位需要的员工数量？

③岗位部门——该岗位的所在部门？

④岗位职责——该岗位具体的工作内容？

⑤岗位工作知识——负责该岗位需要具备哪些工作知识？

⑥岗位技能要求——该岗位对员工有哪些技能要求？

⑦经验、教育和培训要求——该岗位对员工的工作经验、教育经历和培训学习有哪些要求？

⑧身体素质要求——该岗位对在岗员工的身体素质有哪些要求？例如身高、体重及年龄等。

⑨工作环境——该岗位的工作环境情况。

我们在收集资料的过程中需要详细了解以上内容，以便对调查岗位有一个深刻的认识。常用的资料收集方法有以下 5 种。

◆ 工作实践法

工作实践法指调查人员亲身投入到被调查岗位中，通过实际的工作，了解该岗位的工作内容和流程。这样直接实践的方式省去了中间转述的过程，得到的结果往往更加真实、准确。但是该方法不适合需要大量训练的技能性工作岗位，一方面耽误时间，另一方面浪费人力物力，也不能得到准确的结果。

◆ 日志调查法

许多生产类企业会针对一些重要的岗位要求记录工作日志，以便准确了解员工每天的工作内容。所以，调查人员可以充分利用工作日志，详细了解该岗位员工每天的工作内容。

虽然详细的日志内容可以帮助调查人员收集岗位信息，但是也因为工作日志的细致性加大了调查人员的工作量，也增加了调查人员的工作难度。

◆ 直接观察法

直接观察法是一种使用度较高的收集方法，即调查人员在岗位员工工作时通过直接观察员工的工作内容和情况，快速了解该岗位的特性，还能在观察过程中及时提问，得到客观的回答。

因为该方法操作简单、快捷，所以被广泛使用，但是该方法容易引起员工的紧张，给员工带来压力，同时该方法也不适合周期性长的工作岗位。

◆ 访谈法

访谈法即通过调查人员与员工直接面对面交流沟通，收集岗位的第一手资料，还能够通过与员工的直接交流了解员工的需求和满意度。但是，调查时要注意员工可能出现夸大工作难度和任务的情况，需要调查人员进一步核实确认。

◆ 问卷调查法

问卷调查法即通过员工的问卷回答，了解岗位的相关信息。问卷调查法是一种短时间内可以获得大量岗位信息的方式。另外，问卷调查基于问题的设置，可以得到有针对性的回答，操作也比较简单便捷。

3.1.3 对岗位资料的分析

通过一系列的搜集调查，得到大量岗位资料之后，还要对岗位资料进行分析，即对搜集的资料进行汇总、整理，分析出该岗位的价值，以及在企业运营过程中需承担的责任、员工完成工作的标准、员工的客观条件，还有该岗位的关键性任务指标等。

岗位资料的分析可以归纳为 3 个简单的问题，第一个问题如图 3-1 所示。

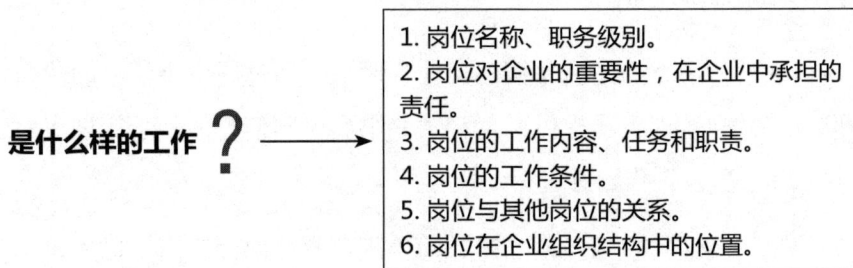

是什么样的工作?

1. 岗位名称、职务级别。
2. 岗位对企业的重要性，在企业中承担的责任。
3. 岗位的工作内容、任务和职责。
4. 岗位的工作条件。
5. 岗位与其他岗位的关系。
6. 岗位在企业组织结构中的位置。

图 3-1

岗位资料分析首先要围绕岗位，整理出岗位的基本信息和内容，即回答该岗位是一份什么样的工作。然后再针对该岗位上的员工，整理岗位资料，回答第二个问题，如图 3-2 所示。

图 3-2

最后，还要针对以上两个问题整理出第三个问题，如图 3-3 所示。

图 3-3

3.1.4 撰写岗位说明书

岗位分析的最终目的就是撰写岗位说明书，通过岗位说明书明确岗位的工作职责，并向管理人员提供岗位相关的书面说明信息，便于管理者对工作要求、工作进度及工作目标进行对比参照。

岗位说明书通常包括岗位描述和岗位规范两个部分。岗位描述是指与工作内容有关的信息，包括职务概况、岗位工作目标、岗位工作特点及岗位工作关联等；岗位规范写明了岗位的任职资格。

撰写岗位说明书没有规定明确的格式，只要结构清晰、内容全面即可，但是大部分的岗位说明书会以表格的形式进行撰写，以便更加直观、清楚地进行查看。

┃ 范例解析 ┃ **某电厂生产科长岗位说明书**

如表3-1所示为某电厂生产科长的岗位说明书。

表 3-1 某电厂生产科长的岗位说明书

岗位说明书					
岗位名称	生产科长	职务编码	SC00126	所属部门	某电厂生产部
直属上级	生产副厂长	直属下级	各个生产车间		
管理人数	157	定员人数	1	生效日期	

工作职责：

在生产副厂长领导下，负责对电厂各项工作负责，严格按照电厂的要求落实各项工作任务。

工作任务：

1. 遵循国家和上级有关部门关于安全生产的政策、法规和各项安全生产规章、制度，并监督执行。负责组织编制和审核有关生产过程中的各种技术管理制度，以及运行、检修规程；组织审核分厂制定的重点技术措施和总结报告。

2. 协助厂长完成安全管理上的日常事务性工作，专项安全大检查工作，参与事故调查分析。

3. 负责监督电厂各单位安全生产情况，保障电厂安全生产，并负责执行。

4. 具体实施发电厂的安全管理和安全监察工作，落实季度、月度的安全大检查。

5. 负责编制和审核事故抢修技术措施及方案，并参与分析有关事故、障碍不安全情况，提出处理建议，并进行安全考核工作。

6. 制订电厂的安全培训计划，并监督落实。监督年度工作及安全规程考试，以及新进人员、转岗人员安全规程考试，特殊工种人员上岗取证换证工作。

7. 参与并监督有关部门做好事故演习工作，落实有关应急预案，提高厂内员工紧急情况的应急处理能力。

8. 负责职业卫生管理工作，监督各部门贯彻执行。

联系沟通：

内部：各个生产车间。

外部：企业的各个部门，例如设备部、供应部和运输部等。

任职资格：

1. 教育背景：大专以上学历。

2. 工作经验：具有 5 年以上的电厂专业技术相关工作经验，熟练掌握电厂生产工艺、设备技术性能，并能组织和处理现场生产过程中的技术问题。

3. 培训经历：了解电力安全生产法律法规、电厂生产工艺流程、电业安全工作规程、操作规程及电气防火防爆等方面的知识，掌握安全管理方面的规章制度和要求，能够正确指导班组、操作人员安全作业和开展安全活动。具备审查、审核安全施工技术措施的水平，具有处理突发事故和防止事故扩大的能力。

续上表

任职资格：
4. 技能要求：具备电力生产安全知识和管理能力，具有良好的学习能力和分析判断能力，条理性强；有团队合作精神，具备在压力下按生产指令组织生产的能力。   5. 能力要求：具有组织领导能力、协调能力和管理能力，能够熟练使用各种基本的办公软件和看图制图软件。
工作条件：

1. 工作场所：生产车间、办公室。
    2. 环境状况：高温、高压、噪声、煤气。
    3. 危险性：较大。

3.2
准确评估岗位价值

岗位评估又指岗位价值评估，是在岗位分析的基础上，采取一定的方法，对岗位在企业中的职责大小、工作强度、工作难度、任职条件及岗位工作条件等进行评估，从而确定该岗位在企业中的价值，并以此确定薪酬分配的水平。

岗位评估的方法有很多，不同的评估方式适合不同行业的企业，下面介绍 4 种实用性较强的评估方法。

3.2.1　利用岗位排序法评估价值

岗位排序法是操作比较简单的一种岗位评估方法，它是由岗位评价人员根据自身对企业各项工作的经验和认识进行主观判断，对各岗位的相对价值大小进行整体比较，并由高到低进行排序，从而得到企业各项岗位的价值排序结果。

岗位排序法评估主要分为两种方式，即序位排序法和比较排序法。

（一）序位排序法

序位排序法指的是评价人员根据自己对各个岗位的认知和理解，按照各个岗位对企业的重要程度进行排列，最后再对各个评价者的结果进行统计分析，得到平均分再排序，从而得到最终的岗位排序。

| 范例解析 | 某企业通过序位排序法做岗位评估

某服装制造企业想要通过岗位评估进一步确定企业内多个岗位对企业的价值程度，以便明确后期员工的职业发展。企业选择了序位排序法，具体操作如下所示。

1.从企业中选择5位岗位评估者。

2.确定需要评估的岗位。

3.以各个岗位的岗位说明书作为岗位评估的资料依据。

4.确定岗位排序因素：工作权限、任职资格、工作内容和工作条件等。

评估结果如表3-2所示。

表3-2　岗位评估结果

岗位	评价者1	评价者2	评价者3	评价者4	评价者5	综合
服装设计师	3	3	3	3	3	3
服装生产员工	7	7	7	7	7	7
市场经理	2	1	2	2	1	1.6
运营经理	1	2	1	1	2	1.4
样衣制作师	6	6	6	6	6	6
生产经理	5	4	4	5	4	4.4
采购经理	4	5	5	4	5	4.6

根据综合评分结果得出最终排名（从小到大）：运营经理、市场经理、服装设计师、生产经理、采购经理、样衣制作师、服装生产员工。

（二）比较排序法

比较排序法指将需要评估的岗位进行两两对比，然后通过计算得到最终的岗位价值排序。

| 范例解析 |　某企业通过比较排序法做岗位评估

还是以上述的服装制造企业的岗位评估为例，通过比较排序法来进行岗位评估应该怎么做呢？

1.选择5名岗位评价者。

2.确定需要评估的岗位。

3.以各个岗位的岗位说明书作为岗位评估的资料依据。

4.确定岗位排序因素：工作权限、任职资格、工作内容和工作条件等。

5.将需要评估的岗位进行两两对比，价值大者在其所在行计"1"，价值小者在其所在行计"0"。

6.统计计算，将每个岗位得分沿"行"方向汇总，得出总分，将总分进行排序，分高者价值大。

评估结果如表3-3所示。

表3-3　对比法评估岗位价值结果

岗位	服装设计师	服装生产员工	市场经理	运营经理	样衣制作师	生产经理	采购经理	总分
服装设计师	—	1	0	0	1	1	1	4
服装生产员工	0	—	0	0	0	0	0	0

续上表

岗位	服装设计师	服装生产员工	市场经理	运营经理	样衣制作师	生产经理	采购经理	总分
市场经理	1	1	—	1	1	1	1	6
运营经理	1	1	0	—	1	1	1	5
样衣制作师	0	1	0	0	—	0	0	1
生产经理	0	1	0	0	1	—	1	3
采购经理	0	1	0	0	1	0		2

　　根据上表内容得出，评估岗位的排序为（从大到小）：市场经理、运营经理、服装设计师、生产经理、采购经理、样衣制作师、服装生产员工。

　　需要注意的是，上表只是5名岗位评价者之一的评论结果，最终的评估结果还需要统计5名岗位评价者的评估结果，取其平均值做最终评估结果。

　　通过上述两个评估案例可以看出，排序法评估操作非常简单快捷，岗位评估成本较低，实用性也较强，但是排序法的一些缺点也不能忽视。首先，排序法评估大多以评价者的主观意见为主，很容易造成评估结果缺乏科学性；其次，该方法只能大致判断出各个岗位之间的相对价值大小，而不能准确说明各个岗位之间的具体差距，因此难以直接转化为具体的薪酬数额。

　　所以，排序法比较适合岗位评价中岗位数量不太多的情况，以及企业中包含差别较大的不同子组织的情况。

3.2.2　利用岗位分类法评估价值

　　岗位分类法评估指按照岗位的工作特点、难易程度和任职资格等，对企业内的全部岗位进行岗位分类和层级划分，然后再根据岗位工作职责与确定的岗位类别和层级标准进行配比归类的一种岗位评价方法。实际上，就是给企业内的每一类岗位确定一个价值范围，然后对同一类岗位按照相关要素进行评价排列，从而确定各个岗位的不同岗位价值。具体步骤如下。

①按照企业经营的行业特点及各个岗位的作用和特点，将企业中的全部岗位划分成为几个大的类别，例如管理类、技术类、生产类及后勤保障类等。

②将各个类别中的岗位划分成为若干层次，例如销售类岗位，包括销售部门经理—销售主管—销售组长—金牌业务员—普通业务员。具体的层级按照企业的实际情况进行划分。

③明确各系统各层级岗位的工作内容、工作责任和工作权限等。

④明确各系统中各个层级岗位的任职资格要求。

⑤评估出不同系统、不同岗位之间的相对价值和关系。

分类评估法因为其显著的优势而被广泛使用，具体如下所示。

◆ 岗位分类法操作简单，岗位评估成本较低。

◆ 岗位分类法比较适合大型企业对企业内的大量岗位进行评价。

◆ 岗位分类法适用于岗位性质大致相同，可进行明确分类的岗位。

◆ 岗位分类法比较灵活，即便出现岗位调整或新增时也能快速对其进行划分归类。

◆ 岗位分类法因为预先设定了岗位等级结构和标准，所以可以明确反映出企业内的组织结构层次关系。

但是，分类评估法也具有一定的不足。首先，在岗位的等级划分上主观性较强，如果岗位层级划分不合理，则会影响所有岗位评估的准确性；其次，分类评估法只能根据岗位职责内容进行大致的岗位分类，但是具体的岗位应该分到哪一个层级却无法精准量化，因此在确定薪酬时比较困难。

3.2.3　利用因素比较法评估价值

因素比较法是根据各类岗位中的标准性岗位在劳动力市场的薪酬标准，将非标准性岗位与之相比较来确定非标准性岗位的薪酬标准。具体实施步骤如下所示。

①在岗位因素比较分析之前需要对评估岗位进行岗位分析，确定可能成为薪酬因素的来源，例如工作内容、岗位职责、工作难易程度及工作经验等。

②选择标准岗位。为了便于不同岗位进行比较，需要在每一类岗位中选择出关键性强的标准性岗位。注意，选择的标准性岗位需要是企业中普遍存在的，岗位职责和工作内容相对稳定的，且薪酬水平也被大部分人认可的，这样选择的标准岗位的薪酬水平才能被员工所接受。

③选择薪酬补偿因素，即从所有标准岗位中筛选出共同的薪酬因素，实际评估时，选择的薪酬因素应该尽量覆盖所有岗位。

④对各个薪酬因素依照重要程度进行排序。

⑤按薪酬因素分配薪酬，将标准岗位的薪酬总额按照选定的薪酬因素进行分解，确定各种标准性岗位在各种补偿因素上应得到的工资。

⑥实施岗位评价，将被评价岗位在每个薪酬因素上与同类别的标准岗位进行比较，排列顺序并确定被评价岗位在每个薪酬因素上的薪酬数额，将被评价岗位在各个薪酬要素上的薪酬数额相加，得到被评价岗位的薪酬总额。

| 范例解析 |　某企业利用因素比较法做岗位评估

某化工企业采用因素比较法进行岗位评估，薪酬因素一共有5个项目，即智力、体力、技能、责任和工作环境。标岗1、标岗2、标岗3是选择出来的标准岗位，待评岗1和待评岗2是被评估岗位。将标岗按照5个薪酬要素进行排序，再将待评岗1和待评岗2分别与标准岗进行比较，比较的具体情况如表3-4所示。

表 3-4　因素比较法评估结果

额度	智力	体力	技能	责任	工作环境
100 元 / 月		标岗 1			待评岗 1
500 元 / 月			标岗 1		标岗 2
600 元 / 月	标岗 3	标岗 2	待评岗 2	标岗 1	
800 元 / 月			标岗 3		标岗 1
1 000 元 / 月	标岗 1	待评岗 1	待评岗 1	标岗 2	待评岗 2
1 200 元 / 月	标岗 2	待评岗 2	标岗 1	待评岗 1	
1 400 元 / 月	待评岗 1	标岗 3	标岗 2	待评岗 2	标岗 3
1 800 元 / 月	待评岗 2			标岗 3	
2 000 元 / 月					

由上表可得到：

标岗1的薪酬：1 000+100+500+600+800=3 000（元/月）

标岗2的薪酬：1 200+600+1 400+1 000+500=4 700（元/月）

标岗3的薪酬：600+1 400+800+1 800+1 400=6 000（元/月）

待评岗1的薪酬：1 400+1 000+1 000+1 200+100=4 700（元/月）

待评岗2的薪酬：1 800+1 200+600+1 400+1 000=6 000（元/月）

从案例可以看出，相比排序法和分类法来说，因素比较法更客观，量化性更强，评估过程也更加透明公正。但是因为各个薪酬因素的选择，特别是各个薪酬因素的排序完全是由评价人员主观判断得来，所以有可能导致最终整体评价结果的不准确。

另外，标准岗位的薪酬总额也需要根据市场的变化及时进行调整，以免整体评价结果与市场上类似岗位薪酬水平相比出现较大偏差的情况。

3.2.4　利用要素计点法评估价值

要素计点法指将岗位按照一定的标准进行分解，然后按照各个标准对该岗位的重要性赋予相应的权重，最后按照事先设计出来的结构化量表对每种岗位进行估值。

要素计点法评估的主要步骤包括以下几点。

①确定薪酬的要素。

②划分并界定薪酬要素的等级。

③根据薪酬要素的重要性确定其在岗位评价体系中的权重比例。

④确定各个薪酬要素及其内部各等级的点值。

⑤通过薪酬要素来分析和评价每个岗位。

⑥根据被评估岗位点数的高低进行排序，确定岗位的等级结构。

| 范例解析 |　某企业利用要素计点法做岗位评价

某企业负责人发现近年来公司人才流失情况严重，调查发现公司内的工资增长情况已经远远落后于同行业的工资水平，为了建立科学、有吸引力的工资结构体系，公司决定采用要素计点法做岗位评价，重新确定薪酬体系。

首先根据公司的行业特性，选择了比较典型的7个岗位做岗位评估，然后确定薪酬要素的定义及其等级划分，具体如表3-5所示。

表3-5　确定薪酬要素及其等级划分

评分内容	评分标准					权重
	5分	4分	3分	2分	1分	
专业能力	技能突出，表现优秀	能达到目标，表现良好	未完全达标，表现合格	与目标存在差距，表现较差	与目标差距较大，不合格	40%

评分内容	评分标准					权重
	5 分	4 分	3 分	2 分	1 分	
专业知识	知识储备非常丰富	知识储备充足	能达到标准水平	有所欠缺	非常薄弱	10%
沟通能力	沟通能力较强	沟通顺畅	能够应对日常工作	沟通的频率低	专注自己少沟通	10%
自主性	自我调控能力强	自我调控能力较强	自我调控能力一般	自我调控能力较弱	自我调控能力弱	10%
工作经验	≥8 年	8 年>工作经验≥5 年	5 年>工作经验≥3 年	3 年>工作经验≥2 年	工作经验<2 年	20%
学历情况	研究生	本科	大专	中专	中专以下	10%

然后确定各个薪酬要素等级点值，如表3-6所示。

表3-6 各薪酬要素的等级点值

薪酬要素	合计	等级				
		1	2	3	4	5
专业能力	400	80	160	240	320	400
专业知识	100	20	40	60	80	100
沟通能力	100	20	40	60	80	100
自主性	100	20	40	60	80	100
工作经验	200	40	80	120	160	200
学历情况	100	20	40	60	80	100
总计	1 000					

接下来，将选择出的需要评估的岗位根据上述薪酬要素等级进行评估，计算点数，具体如表3-7所示。

表 3-7　计算点数

岗位	能力						总点数
	专业能力	专业知识	沟通能力	自主性	工作经验	学历情况	
总经理	380	100	80	80	200	100	940
行政主管	320	77	70	77	180	100	824
业务经理	300	80	70	70	150	80	750
后勤管理	280	66	60	60	140	70	676
业务员	240	50	60	60	120	70	600
司机	220	55	50	60	100	50	535
保安	200	60	50	50	100	40	500

从上表可以看出，岗位的点数范围在500～940，以100点为限对岗位进行分组，从而确定出岗位等级，如表3-8所示。

表 3-8　岗位等级确定

岗位级别	薪点范围	行政类	营销类	后勤类	运输类	其他
1	900 以上	总经理				
2	800 ～ 900	行政主管				
3	700 ～ 799		业务经理			
4	600 ～ 699		业务员	后勤管理		
5	500 ～ 599				司机	保安

最后，再根据岗位等级确定薪酬水平，具体如表3-9所示。

表 3-9　确定薪酬水平

岗位级别	一档	二档	三档	四档	五档	档差
1	5 000 元	6 000 元	7 000 元	8 000 元	9 000 元	1 000 元
2	4 000 元	4 500 元	5 000 元	5 500 元	6 000 元	500 元
3	3 000 元	3 300 元	3 600 元	3 900 元	4 200 元	300 元

岗位级别	一档	二档	三档	四档	五档	档差
4	2 500 元	2 800 元	3 100 元	3 400 元	3 700 元	300 元
5	1 800 元	2 100 元	2 400 元	2 700 元	3 000 元	300 元

从上述案例可以看出，通过要素计点法进行岗位评估得到的评估结果往往更精准，也更科学合理。但是在评估时要注意结合行业特性准确选择薪酬要素及要素的权重比例，否则很容易造成薪酬水平的判断失误。

3.3
薪酬调查让定薪更精确

薪酬设计除了盯紧企业内的岗位情况之外，还要放眼于市场，了解当前市场上的行业薪酬水平，才能设计出具有竞争力的薪酬结构，也就是我们常说的薪酬调查。

薪酬调查，从概念上来看，就是通过一系列标准、规范和专业的方法，对市场上各个岗位进行分类、汇总和统计分析，形成一份能够客观反映市场薪酬现状的调查报告，并为企业的薪酬设计提供决策依据和参考。

3.3.1 薪酬调查包含的内容

做薪酬调查之前首先要确定薪酬调查的内容，才能找准薪酬调查的方向。薪酬调查的具体内容通常是根据薪酬调查的目的来确定的。一般来说，薪酬调查的目的主要有以下 5 个。

①通过薪酬调查确定新员工的起点薪酬标准。

②通过薪酬调查查找出企业内存在工资不合理的岗位。

③了解同行业企业的薪酬情况，提升企业薪酬竞争力。

④了解企业所在地的工资水平，并与企业的薪酬水平进行比较。

⑤了解当前的工资动态和发展趋势。

因此，薪酬调查的内容主要包括 4 点内容，具体如图 3-4 所示。

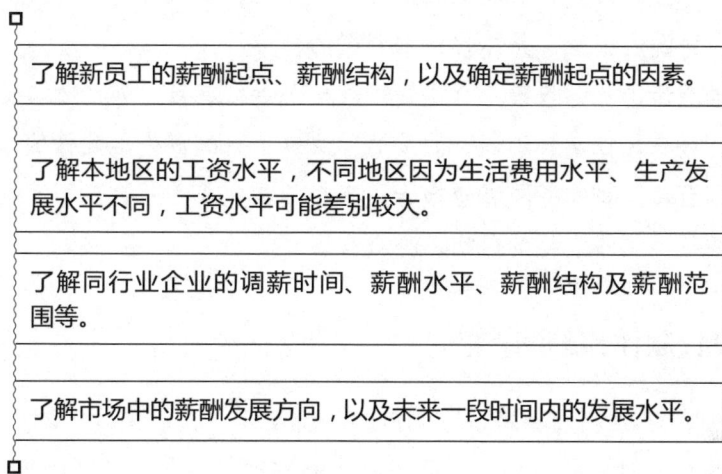

了解新员工的薪酬起点、薪酬结构，以及确定薪酬起点的因素。
了解本地区的工资水平，不同地区因为生活费用水平、生产发展水平不同，工资水平可能差别较大。
了解同行业企业的调薪时间、薪酬水平、薪酬结构及薪酬范围等。
了解市场中的薪酬发展方向，以及未来一段时间内的发展水平。

图 3-4

3.3.2　做好规划让薪酬调查有序进行

薪酬调查看起来很简单，实际上里面囊括了很多的工作内容，如果不提前规划安排很容易在后续的调查工作中茫然不知所措。薪酬调查可以按照下列顺序进行。

◆ **第一步，分析调查岗位**：调查之前需要对调查岗位进行分析，主要包括岗位职责和任职资格，这也是决定薪酬水平的关键。岗位职责指工作内容，确保调查对象的准确性；任职资格指根据企业自身标准，选择年龄、从业经验和学历等客观维度相同的企业进行调查。

◆ **第二步，确定调查的范围**：有了明确的岗位对象之后，还要明确调查的范围，即哪些公司适合调研哪些公司不适合。可以从业务相关性、地域一致性及规模差异3个方面入手。业务相关指调查岗位的所属企业应该与自身企业的行业一致或相关，即属于同行；地域一致指被调查企业应该与自身企业地域环境一致，即尽量是同一地区；规模差异指注意被调查公司的规模，应该选择不同规模的公司对同一岗位进行调查，了解同一岗位存在的薪酬差异。

◆ **第三步，设计薪酬调查表**：有了清晰的调查目标之后，还要设计一个薪酬调查表，具体化薪酬调查的内容。

◆ **第四步，资料收集**：有了输出表格之后，就可以开始收集资料了。这一步往往是薪酬调查的关键，决定了薪酬调查准确性的高低。

◆ **第五步，制作薪酬调查报告**：资料收集完成之后，还要对数据进行分析，制作最终的薪酬调查报告。

3.3.3 设计制作薪酬调查表

设计制作薪酬调查表是薪酬调查的关键工作，我们需要将调查的重点事项准确清晰地表达在表格中，以便直观、清晰地看出薪酬差异和薪酬水平。

在设计之前我们需要具体化调查表的内容，具体如下所示。

◆ **组织结构**：企业的规模情况和管理层人数。

◆ **薪酬结构**：底薪、提成和晋升规则等。

◆ **福利补贴**：交通补贴、餐补、住房补贴和话费补贴等。

另外，针对不同行业，公司在调查内容上可能存在差异。如表3-10所示为常见的薪酬调查表。

表3-10　薪酬调查表

外部薪酬调查表	
一、基础说明	
1.岗位职责	

续上表

2.任职资格	学历：	年龄：	专业：		工作经验：			
二、岗位薪酬调研								

调研企业	组织架构		样本情况		薪酬架构			
	企业规模	管理配比	年龄	学历	底薪	提成	晋升	福利
A								
B								
C								
D								

3.3.4　资料收集应该怎么去做

薪酬调查的方法实际上也就是薪酬数据的收集过程，对于大型企业来说，想要得到比较专业、精准的调查数据结果，可以选择专业的调研机构或资讯公司，获得专业的薪酬数据调查报告。

对于中小型企业来说，如果对数据的精确性要求不高，可以选择以下调查方法进行收集。

◆　朋友咨询

朋友咨询是最简单、便捷且成本较低的一种调查方式，调查者可以充分发挥自己的人际关系，联系朋友了解其所在企业或知道的相关企业薪酬信息。需要注意的是，朋友咨询虽然便捷，但是缺点也很显著，首先调查的信息范围较窄，其次数据的准确性较低，因此调查结果的可靠性也有待考量。

◆　招聘网站查询

招聘网上包含了大量的招聘信息，同时也包含了大量的薪酬信息，所以调查人员借助招聘网可以快速获得相关的行业薪酬信息。下面以智联招聘网为例做具体的查询介绍。

| 范例解析 | 利用智联招聘网做薪酬调查

进入智联招聘官网，注册并登录个人账号。进入首页后，单击页面左上方的"切换城市"超链接，如图3-5所示。

图3-5

　　在切换城市页面中，可以直接选择热门城市或在页面下方搜索框中输入城市名称，这里选择热门城市"北京"，如图3-6所示。

图 3-6

　　进入北京智联招聘网页，在职位搜索框中输入职位关键词，这里输入"广告文案"，再单击"搜索"按钮，如图3-7所示。

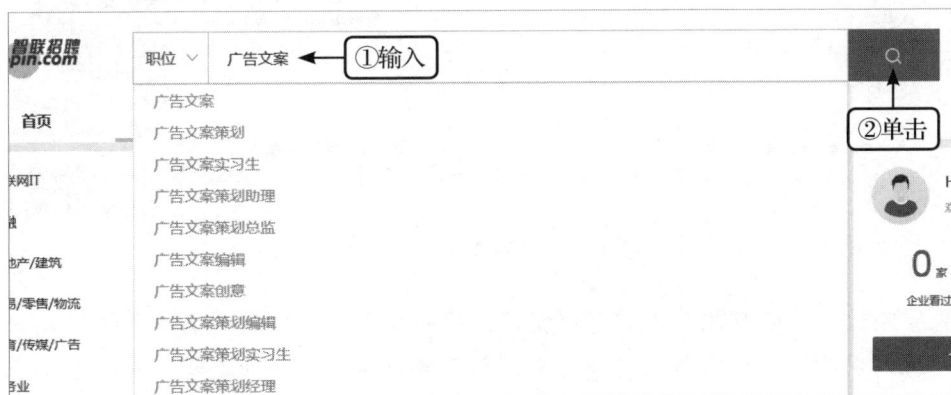

图 3-7

　　进入搜索结果页面，系统智能匹配了一些岗位信息出来。此时，调查人员需要根据页面中的条件设置做进一步的筛选，使搜索结果与企业更匹配，包括职位岗别、工作经验、学历要求、公司性质、职位岗型及职位标签。例如，单击"公司性质"后的下拉按钮，在下拉菜单中选择"民营"选项，如图3-8所示。

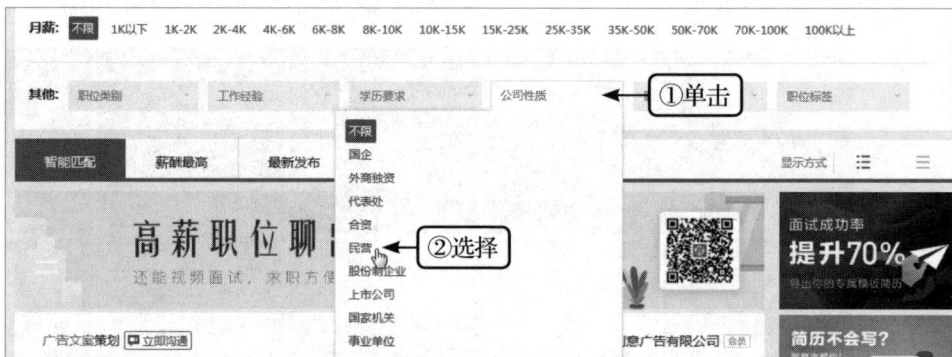

图 3-8

在页面下方的岗位推荐列表查看相关岗位的薪酬，如图3-9所示。

图 3-9

经过大量的查阅，我们可以发现，同一类型的岗位薪酬水平差异不大。一旦发现某个岗位的薪酬差异过大，则需要对其进行仔细查看，看是否在任职要求及工作经验等方面另有要求。

◆ 借助政府的官方信息

当然，我们还可以借助政府发布的一些官方信息进行查询，例如在当地人力资源和社会保障局、劳动资讯网及人力资源网站，都可以查看到官方发布的一些薪酬信息。官方发布的信息更准确，也更具权威性，但是就单一行业或某一岗位而言，薪酬数据可能准确度不高。

总的来说，薪酬调查要充分发挥互联网的作用，从网上多渠道采集薪酬的相关信息。

3.4
设计薪酬体系方案

做好前面的一系列薪酬设计准备工作之后就可以进入薪酬体系设计程序了，即根据企业的实际岗位情况建立适合企业的薪酬结构体系。这是薪酬结构设计的最后一步，也是关键性的一步。

| 范例解析 |　A公司的岗位薪酬模式制定

A公司是一家结合研发、生产和销售为一体的综合性企业，企业每年的经营状况良好。公司员工根据工作情况分为员工和管理人员两部分，员工实行"底薪+加班费+绩效奖金"的绩效薪酬模式，管理人员根据其管理岗位实行岗位工资制。

另外，企业中的研发类员工实行项目奖金制，销售类员工实行销售提成制，其他管理人员会根据当年经营利润发放年终奖金。

A公司目前在薪酬结构上存在以下几个问题。

1.薪酬结构设计时间较长，薪酬增长幅度跟不上市场薪酬水平变化，存在普遍偏低的情况。

2.企业内设定的岗位等级和薪酬等级数目较少，员工经过一两次调薪后，就达到了该岗位等级的最高薪级，导致后续加薪已不再完全按照岗位等级制度，随意性比较大。

3.岗位层级差较小，每级薪酬差在200元左右，对员工的激励性不够。

因此，A企业的薪酬结构设计改革势在必行。

3.4.1 根据公司岗位情况制定薪酬模式

薪酬模式的类型有很多，但薪酬模式的选择需要结合企业的实际情况，遵循企业的发展战略。从概念上来讲，常见薪酬模式主要有 5 种，具体如表3-11 所示。

表 3-11 常见的薪酬模式类型

薪酬模式	概念
基于岗位的薪酬模式	主要依据岗位在企业内的相对价值为员工付薪，在确定员工的工资时，首先进行岗位评价，然后再根据评价结果赋予与该岗位价值相当的基本工资
基于绩效的薪酬模式	以员工的工作绩效为基础支付工资，即将员工的绩效与制定的绩效标准相比较，以确定工资额度，形式有计件（工时）工资制、佣金制和年薪制等
基于技能的薪酬模式	以员工所具备的技能作为工资支付的根本基础，员工获得报酬的差异主要来自本身能力水平的差异，而非岗位等级的高低、绩效结果的好坏
基于市场的薪酬模式	根据市场价格确定企业薪酬水平，根据地区及行业人才市场的薪酬调查结果，来确定岗位的具体薪酬水平
基于年功的薪酬模式	根据员工司龄长短及岗位贡献而支付薪酬的一种管理制度

关于每种薪酬模式的具体内容我们在下一章节进行介绍，这里不做详解。但是在企业薪酬结构设计中需要根据岗位来进行具体选择，技术性岗位通常选择基于技能的薪酬模式和基于岗位的薪酬模式；管理型岗位或市场型岗位则以基于绩效的薪酬模式为主。

以上述案例 A 公司为例，结合 A 公司的实际情况，公司应该实行年薪制和岗位绩效工资制两种不同的薪酬模式。公司领导人员采用年薪制度，以企业的生产经营规模和经营业绩为薪酬核算标准，以便让领导人员站在企业大局的角度整体管理企业；其他中层管理人员实行岗位绩效工资制度，将岗位与绩效结合，激励其工作积极性。

3.4.2　设计公司岗位体系

岗位体系就是根据前文的岗位分析，将公司的岗位按照岗位性质做分类，然后再根据岗位评估对其进行等级划分。主要包括 4 个步骤，即划分岗位序列、划分岗位层级、进行岗位设置和岗位说明，具体内容如下所示。

①划分岗位序列，指将具有相同工作性质和任职要求的岗位划分成同类，不同的企业根据其行业特性的不同划分结果可能存在不同，但是通常企业都会设置高层管理序列、中层管理序列、业务岗位序列、职能管理序列、技术工人序列及操作工人序列等。

②划分岗位层级，岗位层级以企业规模来决定，规模越大层级越多。另外层级设置并不是越多越好，层级过多说明层级汇报烦琐，将直接影响工作效率。典型的中小规模公司岗位层级设计为总经理、副总经理、总监、部门总经理、部门部长、主管及员工等多个层级，很多企业还会加上副总监、部门副总经理、部门副部长等中间层级，公司岗位层级少则 4 ~ 5 级，多则十几级，对于大的集团公司甚至达到几十个层级。

③进行岗位设置，根据公司业务流程和业务特点进行岗位设置，从而体现出专业分工与效率的平衡。

④岗位说明，岗位序列、岗位层级及岗位设置确定后，还要对岗位体系进行描述，对每个岗位序列工作性质及任职资格的共性进行说明，对每个岗位层级的有关责任、权利及任职资格的共性进行说明。

以上述案例中 A 公司为例，因为公司的管理人员比较少，为了管理方便，可以将岗位大致分为两类：管理岗位和技术岗位。又根据岗位评价结果将公司岗位分为 9 个岗级，如表 3-12 所示。

表 3-12　岗位层级设计

层级	职位		薪酬类型
	管理岗位类	专业技能类	
9 级	经营领导层	—	年薪制
8 级	总经理	高级工程师	
7 级	总监		
6 级	部门经理	中级工程师	岗位绩效工资制
5 级	部门副经理		
4 级	主管	初级工程师	
3 级	副主管、营销区域经理		
2 级	基层管理人员（专员）	技术员	
1 级	基层管理人员（文员）		

因为 A 公司的薪酬结构设计属于改革，所以不需要再进行岗位设置和岗位说明，直接运用原来的即可。

3.4.3　薪酬构成的设计

薪酬构成的设计即确定薪酬的构成要素，设计时需要考虑工资科目的导向性和特征。通常薪酬由 3 个部分组成，即固定工资、浮动工资和福利。

◆ 固定工资指根据劳动者的职位、工作经验和学历等给予的工资，按固定数额发放，即使有差别也是考勤等因素的差别，这部分薪酬不会与绩效挂钩，属于保健因素，如果降低员工会产生严重不满情绪。固定工资包括基本工资、岗位工资、工龄工资和学历工资等。

◆ 浮动工资是指随企业经营成果的好坏和员工个人劳动成果的大小而变动的一种劳动报酬形式，属于激励因素，包括短期激励和中长期激励。月度绩效工资、季度绩效奖金和专项奖金等属于短期激励；年度效益奖金、股权期权和任期激励等属于中长期激励。

◆ 福利是提供给员工的补充现金支持，同样属于褒奖因素，包括节日费、慰问金、住房补贴和餐饮补贴等。

不同薪酬要素对应不同的发放目的，从而对员工起到不同的激励作用，所以在选择具体的薪酬要素时要注意构成要素的目的和导向，如3-13所示。

表3-13 薪酬要素导向

薪酬类别	薪酬要素	导向
固定工资	岗位工资	岗位价值
	全勤工资	工作态度
	年功工资	员工忠诚度
	技能工资	岗位技能
浮动工资	月度绩效工资	岗位绩效
	季度绩效奖金	岗位绩效
	年终奖金	企业绩效
	专项奖励	特定绩效
福利	过节费	福利
	补贴	福利
	其他	其他

虽然薪酬结构中的各要素组成类似，但薪酬比例却存在很大的不同，而不同的比例带来的激励效果也明显不同。

薪酬比例是指固定工资与浮动工资的比例，主要根据企业特点、薪酬策略和职位特点确定，一般浮动薪酬所占比例越大，薪酬激励的强度越大，员工的收入风险也越大。

一般的薪酬结构组合有：低固定＋高浮动；高固定＋低浮动；高固定＋高浮动；高固定＋低浮动＋高福利；低固定＋低浮动＋高福利。

以上述案例中的 A 公司为例，早期 A 公司采取"低固定＋高浮动"的模式，想要通过高浮动薪酬激励员工，但是浮动工资实际兑现比较慢，难以真正起到激励效果。所以结合公司的实际情况，公司经营管理高层的薪酬可以与经营业绩挂钩，采取年薪制，并按照"低固定＋高浮动"的模式设置薪酬。固定薪酬占 30%，年度绩效奖金占 50%，任期奖金占 20%，包括完成经营利润目标的分红。

而中层以下人员则采取"高固定＋低浮动＋高福利"的模式。固定薪酬占 60%，月底绩效薪酬占 20%，同时年度绩效薪酬占 20%，并辅以恰当的福利。比如增加住房补贴、举办员工活动或在节假日发放津贴等。

另外，对于市场人员来说，根据具体的工作职能，将市场公关和销售职能分开。公关团队采取"高薪＋高提成"的模式，销售团队则采取"固定薪酬＋一般提成"的模式。

3.4.4　确定各层级员工的薪酬标准

在明确了企业中各个岗位的层级结构体系之后，还需要对每个岗级具体的薪酬进行最终确定。此时，需要结合之前的薪酬调查结果，根据调查结果及岗位等级，确定一个中间值。

然后确定每个岗位的级差，基层岗位到高层岗位的级差呈递增状，表示基层岗位的级差设置比较小，而越到高层岗位级差越大。

以上述案例 A 公司为例，根据市场调查结果，同行业相同规模的企业中，一岗岗位在薪酬市场中的中位值在 6 000 元左右。将岗位等级内分为 9 个薪酬级别，设定每层薪酬差为 300 元，则该岗位一岗 5 等月薪为 6 000 元，根据之前设定的比例，基本工资：月度绩效工资：年度绩效工资 =6:2:2。最终设计的该岗 5 等薪酬如下表 3-14 所示。

表 3-14　薪酬标准设计

岗级	层级	岗位工资	月绩效工资	月工资	年绩效工资
一岗	9 级	4 320 元	1 440 元	7 200 元	17 280 元
	8 级	4 140 元	1 380 元	6 900 元	16 560 元
	7 级	3 960 元	1 320 元	6 600 元	15 840 元
	6 级	3 780 元	1 260 元	6 300 元	15 120 元
	5 级	3 600 元	1 200 元	6 000 元	14 400 元
	4 级	3 420 元	1 140 元	5 700 元	13 680 元
	3 级	3 240 元	1 080 元	5 400 元	12 960 元
	2 级	3 060 元	1 020 元	5 100 元	12 240 元
	1 级	2 880 元	960 元	4 800 元	11 520 元

然后按照该方法，确定各个岗位层级的标准薪酬即可。

另外，在确定了薪酬设计的各个事项后，薪酬模式的设计制作工作还没有真正意义上的结束。编制人员还需要将薪酬设计系列标准流程规范下来，形成完整的薪酬体系。

具体包括以下一些内容，但不局限于以下内容。

①薪酬体系的目标与原则。

②薪酬体系的适用范围。

③薪酬结构的组成与定义。

④加班的认定与加班工资的计算方式。

⑤岗位薪酬核定。

⑥薪酬调整。

⑦薪酬结算等。

而附件表格内容，具体如下所示。

①岗位等级表。

②薪资等级表。

③薪资套算指引等。

第四章

模式全解：
不同类型下的工资制度

根据薪酬结构设计侧重点的不同，薪酬模式分为多种，不同的模式适用于不同的岗位和企业，只有真正清楚了各个模式的优缺点和不同，才能更准确地为企业中的各岗位选择适合的薪酬模式。

建立在岗位分析基础上的岗位工资制

岗位工资制，简单来说就是对岗不对人，员工获得工资水平以岗位价值作为唯一的评判依据，因此岗位工资制的重点在于对岗位价值做出准确、客观地评估。对员工来说，岗位工资制度是一种稳定、客观且公平的工资制度。

4.1.1　岗位工资制的三种类型

岗位工资制是一种比较传统的工资制度，随着社会经济的发展，工资制度的内容也出现了一定的改革和进步，以便适应更多的企业岗位类型。

岗位工资制度根据工资核算方式的不同，可以划分为 3 种类型：一岗一薪制、一岗多级制和一岗多薪制。下面我们分别介绍。

◆　一岗一薪制

一岗一薪岗位工资制指一个岗位只有一个工资标准，各岗位工资标准与其岗位相对应，排列顺序由低到高，组成一个统一的岗位工资标准体系，只体现不同岗位之间的工资差别，不体现岗位内部的工资差别。实行一岗一薪岗位工资制，岗内不升级。具体如表 4-1 所示。

表 4-1　一岗一薪工资制

岗位层级	职务	技术职务	工资标准
6	总经理	—	—
5	经理	—	—
4	主管	高级工程师	1 600 元
3	主任	工程师	1 400 元
2	组长	助理工程师	1 200 元
1	生产员	技术员	1 000 元

新员工上岗时采取试用期或熟练期，试用（熟练）期满后，经考核合格者，即可执行岗位工资标准。一岗一薪岗位工资制适合专业化、自动化程度较高，流水作业，工种技术比较单一，工作物等级和工作物对象比较固定的产业、企业或工种。

◆ 一岗多级制

一岗多级，也就是岗位等级工资制度，它是在一岗一薪制的基础上发展而来的一种新的岗位工资制度，它由原来单一的一个岗设定多个级别，而薪酬的水平则由岗位内的劳动差别来确定。

简单来说，就是根据员工在工作中的不同岗位确定工资标准，再在同一岗位类别上按照技术复杂程度、劳动繁重程度及责任大小等将确定的岗位工资标准划分为几个等级，并据此支付薪酬。以此来平衡相同岗位类别存在的劳动差别、岗位内部劳动者之间存在的技术差异及员工劳动贡献的差异。

例如在生产车间中，生产员工、生产小组组长、车间管理人，三者都负责同类岗位的生产工作，但岗位之间存在层级，员工水平、劳动价值及贡献程度也存在明显差异。因此，岗位工资也存在层级差异。

在岗位等级工资制度下，员工想要提升自己的薪酬水平只能通过不断提升自身实力、晋升自己的岗位层级来实现。

◆ 一岗多薪制

一岗多薪结合了岗位工资制和等级工资制，即一个岗位内设置多个工资标准，同岗可能不同薪，标准互不交叉，不升职晋升也可以提升薪酬水平。例如，在同一个岗位中以员工工作的熟练程度作为薪酬划分标准，有试用期员工→正式员工→资深员工。

综上所述，岗位工资制随着企业经济的发展变化衍生出了多种薪酬模式，而不同的工资制度对员工也起到了不同的激励效果。

4.1.2　企业如何推行岗位工资制

想要在企业中推行岗位工资制是一项大工程，需要经过一些流程，具体如图4-1所示。

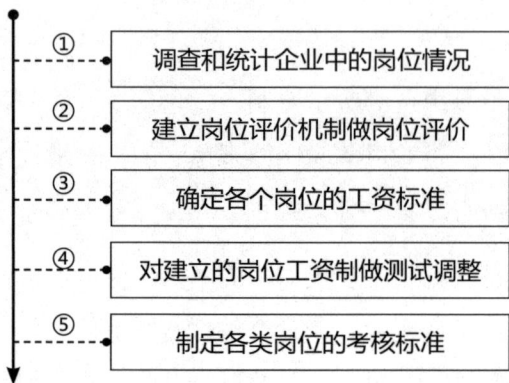

图4-1

（1）调查和统计企业中的岗位情况

岗位工资制是基于岗位分析而建立起来的，所以在制定之前必须对企业的所有岗位有一个清晰的认识。薪酬设计的工作人员首先要调查了解企业中的全部工种，以及各岗位的工作内容、工作性质和工作环境等。

然后将工作内容、工作性质等相同或相近的岗位归为一类，初步确定企业岗位的种类。例如，将岗位分为行政、销售、生产和后勤服务四大类，然后将后勤中的各个岗位进行细分，包括保洁、司机、食堂管理人员及住宿管理人员等岗位。

（2）建立岗位评价机制做岗位评价

建立岗位评价机制就是为了进行岗位评估，通过各种各样的评估方式对企业中的各个工种、岗位劳动技能、工作强度、工作难度及工作条件等进行评估测定，并对其做具体量化，从而确定各个岗位的层级。

然后再根据企业实际岗位情况和岗位评估结果确定各类岗位的岗位数目及岗位序列，这是制定岗位工资制的关键步骤。

（3）确定各个岗位的工资标准

企业中的岗位有了明确的岗位顺序之后就可以确定相应的岗位工资标准了，分为 4 个步骤。

◆ 确定最高岗位与最低岗位的工资标准比例关系。

◆ 确定其他各个岗的岗差系数。

◆ 根据企业工资支付能力和员工现行工资水平，并考虑岗位工资制不升级和最佳年龄最佳报酬的因素，合理确定最低岗位工资标准。

◆ 再以最低岗位工资标准为基数，根据岗差系数，求出各个岗位的工资标准。

（4）对建立的岗位工资制做测试调整

通过前面的 3 个步骤基本建立了岗位工资制度，但还未真正完成。为了工资制度更适应企业的发展需要，还需要对建立的工资制度进行测试调整，及时查找出其中可能存在的不足和缺点，对不合理部分进行调整，综合平衡各工种、各岗位之间的工资关系，以减少矛盾。

（5）制定各类岗位的考核标准

岗位工资制是以员工岗位工作的实际贡献作为薪酬评判标准，为了能对员工起到有效的激励作用，企业必须建立一套切实有效的考核制度。考核机制可以从 3 个方面入手。

①以岗位说明书作为员工常规考核的基本标准，即员工只要能满足工作职责和任职资格即可领取基本的岗位工资。

②可以对岗位设立一岗多薪或一岗多级的考核，即一个岗位对应几个工

资等级，通过一个岗位内的工资等级浮动差为绩效考核提供基础条件。

③将岗位工资与企业年度目标进行结合，为各个岗位设置考核指标体系。每年年初企业制定当前的年度目标时，要对目标进行具体的量化分解，具体到各个岗位。然后针对不同的岗位形成不同的考核指标体系，考核指标体系与岗位工资中的若干工资等级相挂钩，可按照完成生产任务的难易程度确定岗位工资的相应等级。

至此，一套完整的企业岗位工资制度建立完成。

4.1.3　岗位工资制的优缺点分析

通过前面的岗位工资制的建立推行，我们发现岗位工资制主要具有以下3个特点，如表4-2所示。

表4-2　岗位工资制的特点

特点	内容
岗位权责清晰	岗位工资制严格按照各个岗位的工作状况确定工资标准，这样的做法使得企业中的每个岗位都有明确的职责范围、工作任务要求和操作规范等，员工只有达到要求才能上岗，才能领取薪酬，所以也使企业中各个岗位的权责更为清晰
公平竞争	岗位工资制以岗论薪，有效地将企业劳动力进行合理归类，员工加薪以岗位作竞争，以贡献程度作为标准，使薪酬竞争更公平
按劳分配	岗位工资制以按劳分配为原则，不仅符合劳动力消耗补偿规律，还能激励员工奋发向上，促进企业经济效益提高

结合上述的特点和岗位工资制的设计实施步骤，可以看出岗位工资制之所以能在各类企业中被广泛运用，主要具备以下优点。

◆　薪酬分配相对公平

岗位工资制以岗位分析为基础，通过对岗位进行准确、科学及合理的评估，确定出各个岗位的价值，确保薪酬分配的内部公平。结合了同行业薪酬水平的市场调查，实现了薪酬分配的外部公平。

◆　简单易懂，实用性强

岗位工资制明确了各个岗位的工资数额，便于员工理解和接受，也增加了薪酬的透明度，尤其是对于一些生产类的基层技术性员工，岗位工资制更加适合。

◆　考核简单、方便

岗位工资制的岗位职责明确，责权匹配，所以在员工绩效考核时更方便，也更快捷。

尽管岗位工资制优势明显，受人追捧，但也存在一定的不足之处，具体如下所示。

①团队凝聚力差。岗位工资制强调的是员工的在岗工作情况，要求做到责权匹配，对岗位外的事项不做要求。这就使得员工在工作过程中往往只关心自己岗位范围内的事项，而对岗位外的部门或企业相关事项漠不关心，这对培养企业团队凝聚力显然不利。

②薪酬灵活性不够。由于岗位工资制基于各个岗位的情况做了明确的规定和要求，并由此确定薪酬数额。所以岗位薪酬数额难以发生变动，在实际的操作中显得不够灵活。

③使用范围有一定限制。岗位工资制适用于大部分岗位，但对某些知识密集型岗位及需要丰富经验的岗位，如律师等，使用岗位工资制则不合适。因为这类性质的工作，虽然岗位相同，但不同员工创造的价值可能千差万别。

所以，企业在实际选择薪酬模式时要充分考虑企业中各个工种和岗位的实际情况，做出合理选择。

4.2
建立在个人能力水平上的能力工资制

能力工资制，也称为技能工资制，它是一种以员工个人所掌握的知识、技术和所具备的能力作为评估基础来进行工资报酬支付的工资制度。也就是说，员工的能力强，为公司创造的价值高，获得的薪酬就丰厚。这样的工资制度在知识型密集岗位中比较常见。

4.2.1 认识"以人为本"的能力工资制

与岗位工资制的对岗不对人相反，技能工资制是对人不对岗，即员工领取薪酬的水平完全由其职务完成能力大小决定。

能力工资制的思想基础为，员工能力的高低是决定企业能力高低的基础，企业只有拥有高能力的员工，才能在市场竞争中具备竞争优势。而这样的优势是其他企业难以模仿和获得的。因此，为了达到增强自身竞争力的目的，企业必须鼓励员工不断提高自己的能力，再以员工的能力差异作为向其支付薪酬的基础。

｜范例解析｜ 丰田汽车公司的员工能力工资制

丰田汽车公司原来实行终身雇用制，即年功序列工资制。公司职员的工资由基本工资和加班费两部分组成，其中加班费由员工的加班情况来确定，而员工基本工资则由年龄、进入企业年限和学历等因素确定。

公司为提高员工的能力，为企业培养更多的内部人才，引进了能力工资制，在鼓励激发员工追求高薪资的同时提高员工能力。

在引入了能力工资制度后，员工的工资结构发生了变化。首先，公司按照员工的职务分工可以将员工分为两种工资结构，即管理部门职员及业务职员。

管理部门职员的工资在原来基本工资的基础上，再加入了能力工资，占比为6:4。其中能力工资包括：创造力20%、决策贯彻能力30%、组织能力20%、人力利用能力20%及声望10%，具体如图4-2所示。

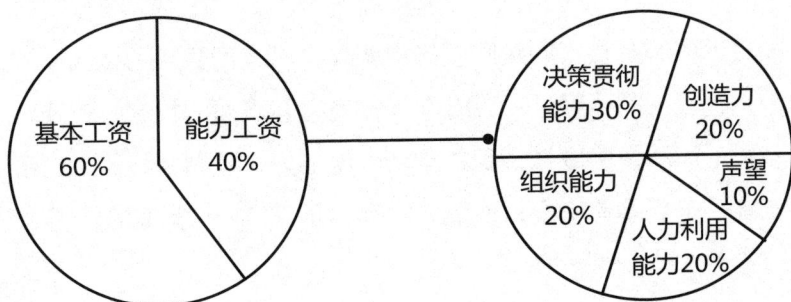

图 4-2

业务职员在能力工资制下工资由80%的基本工资和20%的能力工资组成，其中能力工资包括50%专业知识，余下的50%与管理部门职员考核指标相同，只需进行等比例缩小即可，具体如图4-3所示。

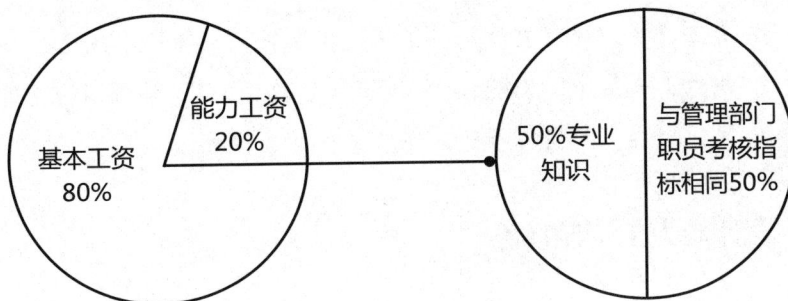

图 4-3

工资的构成确定之后，实际发放工资由职员工作目标的完成程度来确定。首先由职员提出自己一年的工作目标，然后根据这个目标的完成程度确定能力工资发放的百分比。

从上述案例可以看到，能力工资制的优势明显，具体如下。

①能力工资制下的工资结构组成更为合理科学。能力工资制改变了以往年龄、进入企业年限和学历等在工资结构中的权重，而将员工的能力与薪酬

高低紧密联系，说明公司充分考虑了能力不同的职员对公司的贡献程度是不相同的。同时，这些能力因素看起来比较抽象，但是却与员工的实际工作紧密联系，所以与工资考核结合，以便使员工能力得到更准确的评价。

②能力工资制对员工的激励效果更明显。以丰田公司为例，原本的工资以年功为主，员工需要经过一段时间才能有升迁涨薪的机会，这样的工资制度使很多员工浑浑噩噩度日，积累年功。但能力工资制则不同，它给了能力较强的年轻员工更多的机会，使能力较强的员工能够脱颖而出，这样充分调动了员工的工作积极性。

③能力工资制能够起到鼓励员工良性竞争的作用。能力的高低决定了薪酬的高低，由此产生了能力差别。所以，员工会为了提升薪酬水平而自发提高自身能力，展开良性竞争。这对于企业和员工个人来说都具有良好意义。

另外，需要注意以下两个能力工资制的特点。

◆ 能力工资制的评定依据是员工的能力特征，与岗位本身没有关系。
◆ 在能力工资制中，可能会出现员工岗位改变，但工资可能不变的情况，也可能出现员工岗位不变，但工资改变的情况。

4.2.2　设计能力工资制体系

设计企业的能力工资制体系主要包括 4 个步骤，具体如图 4-4 所示。

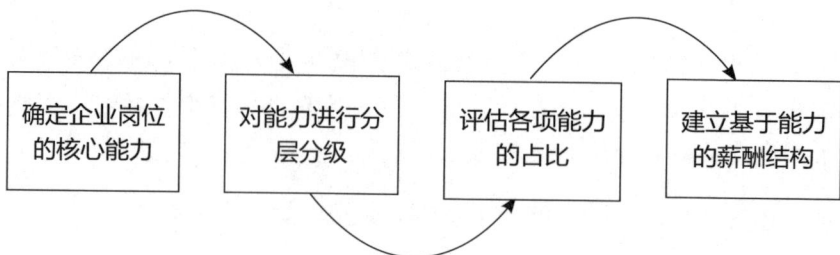

图 4-4

（1）确定企业岗位的核心能力

核心能力是指企业中的各个岗位统一的、通用的能力，而且这些能力直接影响着企业的发展经营，所以这些能力是需要企业全员具备的。

每个企业因为自身所处行业的不同，所以对员工的能力要求也不同，但是在能力工资制中，能力要素的确定会从 5 个方面入手，即知识、技能、自我认知、员工品质和动机。

◆ **知识**：知识是指员工在工作方面具有的相关知识，包括事实型知识和经验型知识。

◆ **技能**：技能是指员工运用知识完成工作的能力，以及对某一特定领域所需技术与知识的掌握情况。

◆ **自我认知**：自我认知是指员工的自我评价、自我认识及自我感知。

◆ **员工品质**：品质是指个性、身体特征、对环境和各种信息所表现出来的持续而稳定的行为特征。

◆ **动机**：动机指员工在一个特定领域自然而持续的想法、偏好或习惯，例如成就、亲和力和影响力等，它们将影响或决定一个人的外在行动。

（2）对能力进行分层分级

确定了企业岗位中的核心能力之后就需要对各项能力进行分层分级。能力分级是指根据能力的情况划分层级，以便确定不同的薪酬水平。以知识能力为例进行划分，员工拥有的知识丰富，足以应对工作需要；员工拥有大部分知识，基本能够应对工作需要；员工知识存在不足，不能应对工作。

（3）评估各项能力的占比

因为企业行业和岗位要求的不同，对能力的要求程度也不同，所以在能力工资制中各项能力的占比情况也不同。例如在上述丰田汽车公司案例中，从各项能力的占比情况中可以看出，公司在众多的能力中更看中决策贯彻能力，接下来分别是创造力、组织能力、人力利用能力，最后是声望。

（4）建立基于能力的薪酬结构

能力工资制的最后一步是建立薪酬结构，即根据前面的能力层级和能力占比情况，为各项能力最终定价。此时，需要从两个方面进行综合考虑：一方面是根据市场情况，即依照能力在市场中的价格情况来确定该项能力应该获得的薪酬水平；另一方面是以员工的能力与工作绩效的相关性来确定薪酬，关联性越高薪酬也就越高。

综上可以看出，在能力工资制的设计中最重要、最关键的步骤在于岗位能力的确定和量化，这直接影响能力工资制设计的效果。因此，在实际的设计制作中，薪酬设计人员需要多维度考量能力要素，并精准地找到关键性要素。

4.2.3 能力的选拔与培养

既然能力是能力工资制中的重点，也是企业培养人才的目标，那么企业就应该在能力的选拔与提升上多下功夫，才能达到为企业内部培养优秀人才的目的。

◆ 第一步，能力的选择

能力的选择，即要求企业在招聘之初就要有选拔有能力员工的意识，通过招聘吸引并甄选出具备企业所需技能的应聘者，或者是具备学习能力且愿意学习的应聘者。

在招聘之初，员工的能力证明主要是员工通过的职业资格考试，或是参加全国性技能比赛获得的各项资格和能力认证。例如会计系列有：助理会计师、会计师和高级会计师等，在实际的企业招聘中，会计系列的资格认证也常常作为各个企业薪酬支付的依据，因为这些认证与员工的工作绩效高度相关。

◆ 第二步，能力的培养

员工正式进入工作之后，企业还要注重对员工能力的培养，有意识地开发员工技能，从观念上将发展培养员工的技能作为企业发展提升竞争优势的基础。具体有下列一些做法。

①企业可以开设内部培训课程，培养员工技能。

②企业可用以老带新的方式提升新员工的能力。

③企业可以定期举行技能测试或技能比赛测定员工能力水平。

④企业可以为员工增添各种培训学习机会，鼓励员工学习，例如出国培训、外派学习或交流学习等。

无论是国家、社会机构还是企业对员工自身能力的评价确认，评价的准确性都非常重要。一旦评价出现问题，该项能力就很难作为薪酬支付的依据，该项能力的评价也就失去了意义。

4.3
建立在个人业绩基础上的绩效工资制

绩效工资制，即"以绩取酬"，以员工实际的、最终的工作成果确定员工的薪酬数额。实际上，就是以对员工绩效的有效考核作为基础，实现将工资与考核结果挂钩的工资制度。

与传统工资制相比，绩效工资将员工工资与可量化的业绩挂钩，将激励机制融于企业目标和个人业绩的联系之中，更有利于企业整体目标的实现，也更有利于企业的长期发展。

绩效工资体系的设计包括绩效支付形式、关注对象、配置比例、绩效等级和分配方式，以及绩效薪酬体系增长方式，其中最重要的是支付形式、关注对象和配置比例，下面我们具体来看看。

4.3.1　绩效薪酬体系的支付形式

支付形式实际上是指企业以什么样的方式将绩效量化考核结果与薪酬体系联系，这种联系的方法有很多，不同的行业特性使得各个企业产生较大差异，例如业绩工资、业绩奖金和业绩福利等。总结来看，绩效量化与薪酬联系的方式一般有以下 4 种形式。

①与薪酬等级联系。将绩效量化考核结果与薪酬等级关联是多数企业常用的一种做法。例如，员工的绩效考核结果优秀，即可上调一个薪酬等级。同样，员工的绩效考核结果较差，即下调一个薪酬级别。

②与绩效工资联系。部分企业的员工薪酬结构为"基本工资＋绩效工资"，这样的薪酬结构直接包括绩效，即采用绩效量化考核结果与绩效工资直接联系的方式，绩效量化考核结果与绩效工资支付的比例或差额挂钩，可以激励员工努力提升绩效，以获得更高的薪资。

③与奖金关联。绩效量化考核结果与奖金联系的方式，也是一些企业比较常规的做法，即企业拿出一定金额对某项工作完成结果进行奖励，可以激励员工努力完成此绩效量化指标。但绩效奖金的支付需要全面考虑，不能片面考虑某项绩效量化指标，从而忽略了其他绩效量化指标，而导致单项绩效量化指标偏高。

④与年底分红联系。企业为了激励核心员工，实行股权激励，完成企业整体年度目标，核心员工可以在年底按利润值进行分红（事先规定分红比例或金额），此方案也需要全盘考虑，对企业目前现状及未来目标进行分析。

综上所述，我们可以发现同样是绩效薪酬体系却存在很大的差异。根据绩效薪酬体系的支付方式，可以将其分为按季度或年支付的中长期绩效薪酬体系和按月支付的短期绩效薪酬体系。通常情况下，企业高层比较倾向于中长期绩效薪酬体系，例如股权激励或年底分红。而基层员工则更倾向于短期的绩效薪酬体系，例如绩效工资或绩效奖金。

4.3.2　绩效薪酬体系关注的对象

绩效薪酬体系关注的对象是指员工个人、部门团队，又或者是在部门团队绩效的基础上注重个人绩效。如果岗位工作性质以个人为主，例如销售岗，则企业绩效体系设计通常以员工个人作为关注对象。但如果工作性质为技术研发类的团队协作，难以设计个人绩效，则会以团队作为关注对象。

除了工作特点和岗位性质之外，绩效薪酬体系关注对象还受到企业文化、价值观和不同发展阶段的战略计划的影响，因此，在设计时还需要考量企业的发展阶段和发展计划，即企业总体绩效收益。

所以，绩效薪酬体系关注的对象包括三类：个人绩效薪酬、群体（团队、部门）绩效薪酬及企业总体绩效收益（总体工资水平的调整和所有员工的福利）。

4.3.3　绩效薪酬配置比例

绩效薪酬配置比例指绩效薪酬在员工工资结构中的占比情况，不同企业、不同部门甚至是不同层次岗位都有不同的比例配置要求。稳定发展的企业，一般可以参照以下比例进行配置。

①普通员工。基本工资和绩效奖金比例为 80% 和 20%。

②中基层管理。基本工资和绩效奖金比例为 70% 和 30%，或 60% 和 40%。

③高层管理。基本工资和绩效奖金比例为 60% 和 40%，或 40% 和 60%。

④销售人员。绩效工资（佣金、奖金等）占60%以上，中层和高层绩效工资的比例要低一些。

⑤技术人员。基本工资＋绩效工资＋项目奖金的方式，一般前两项工资比例要大些，后一项额度要大些。

| 范例解析 | **某化妆美容公司员工工资改革**

张女士是某化妆美容公司的一名美容咨询师，负责做美容咨询，让客户体验美容项目或销售美容产品。咨询师可以得到相应的提成，公司对业绩没有强制性的规定，张女士的工资结构为"基本工资＋产品提成"，张女士每月的基本工资为4 000元，提成在1 000元左右。

今年5月起，公司为鼓励员工积极销售产品，提高业绩，开始实施绩效工资制，员工工资结构改为"基本工资＋绩效工资"，绩效工资由业务提成和月奖金组成，具体内容如表4-3所示。

表4-3　绩效工资表

业务销售额	业务提成比例	月奖金
3 000元及以下	45%	—
3 000元＜销售额≤5 000元	50%	—
5 000元＜销售额≤8 000元	55%	500元
8 000元＜销售额≤10 000元	60%	1 000元
销售额＞10 000元	70%	2 000元

薪酬制度改革之前，张女士的业务每单提成点是30%，改革之后业务提成达到50%，但是基本工资由原来的4 000元下降到1 800元。也就是说，在业务量相同的情况下，张女士的工资与原来相比大幅减少。

随后张女士与公司几位同事向领导反映，但公司表示这是根据公司经营需要做的调整，希望员工能够配合。3个月后大部分员工相继离职。

根据上述案例可以看到，企业以绩效激励员工提高业绩的方式并没有错，只是在绩效配比的过程中，一味追求高比例而降低固定工资比例，造成员工工资缩水，引起了员工的不满，使得员工大量离职。

我们在实际配比过程中要多方位考量，避免引起员工的不安。以上例来说，案例中的化妆美容公司员工实际上销售性质比较强，且销售有淡旺季之分，如果一味降低员工基本工资比例，那么员工在淡季时业务量减少则只能领取较低的基本工资，必然会产生不安的情绪。

绩效的目的应该是在保障员工基本工资水平的基础上，以浮动的薪酬吸引员工为追求高薪酬而积极工作，一定不能本末倒置。

4.4
建立在员工年功长短上的年功序列工资制

年功薪酬模式是一种比较单一且传统的薪酬模式，它是按照员工为企业服务时间长短来支付或增加薪酬的一种管理制度，往往与终生雇佣制紧密联系。年功薪酬制度最明显的特点在于员工的企业工龄越长，工资就越高。

4.4.1　年功序列工资制的特点分析

年功工资制又称年功序列工资制，员工的业务能力和技术熟练程度与员工本人年功和企业工龄成正比，本人年龄越大，企业工龄越长，对企业的贡献也越大，功劳也愈高。因此，员工的工资也要逐年增加。

同时考虑到随着员工年龄的增长，生活开支也会有所增加，所以员工的工资和生活补贴在一定的年龄段也要每年增加。

年功序列工资制以劳动等价报酬和生活补偿为原则，主要具备以下 4 项特点。

①工资数额按照企业工龄和学历等因素决定，工资标准由各企业自定，并随员工生活费用、物价及企业的经济效益等因素每年调整。

②年功工资存在多等级、小级差的特点，每年工资额度定期增加，也就是随着员工年龄增长、家庭负担的增加而增加工资。

③年功序列工资制考虑到员工衣、食、住和行等方面的需要，除基本工资外，还有优厚的奖金和各种各样的津贴及补贴，非但考虑员工本人的生活需要，还适当考虑员工家属的生活需要，以尽可能解除员工后顾之忧。

④员工的退休金和奖金的计算，也与员工的年龄、企业工龄有密切的关联，员工年龄和工龄越大，退休金和奖金越高。

从上述特点中可以发现，年功序列工资制中强调的是企业工龄，工资的变动只能由企业工龄的增加而改变，这对同等企业年龄但能力差别较大的员工来说并不公平。因此，年功工资制容易引起员工工资与劳动质量和数量的脱节，并形成起点工资低、工资差别大的工资结构，不利于工资激励功能的发挥。

4.4.2　年功工资的工龄怎么计算

从上一节的年功工资特点分析，我们知道了年功序列工资制存在容易引起员工工资与劳动质量和数量的脱节，并形成起点工资低、工资差别大的工资结构缺点，所以在实际的企业工资制度中，很少有企业直接运用年功工资制作为企业的薪酬模式。

但是，企业通常会根据员工参加工作的年限，按照一定标准支付给员工一定的工资，用来体现企业员工逐年积累的劳动贡献，是一种补偿性工资，即工龄工资。

对于工龄工资国家没有规定，通常都由企业自行制定。在工龄工资制的计算规定中，各个企业执行工龄工资的政策各不相同。但是大多数企业的工龄工资政策呈"线型"，即确定××元／年的标准，员工实际所得工龄工资为工作年限×分配标准；有的企业还规定了工龄工资的起拿年限，即工作满几年起计发工龄工资。

实际上，我们可以发现年功工资制的难点在于工龄核算，因为企业或行业性质的不同，员工工龄的计算也存在差异，对此国家有相关规定，计算工龄的方法主要有3种。

◆　连续性计算法

某职工从甲单位调到乙单位工作，其在甲、乙两个单位的工作时间应不间断地计算为连续工龄。如果职工被错误处理，后经复查、平反，其受错误处理的时间可与错误处理前和平反后的工作时间连续计算为连续工龄。

◆　合并计算法

合并计算是指职工的工作经历中，一般非本人主观原因间断了一段时间，把这段间断的时间扣除，间断前后两段工作时间合并计算。如精简退职的工人和职员，退职前和重新参加工作后的连续工作时间可合并计算。

◆　工龄折算法

从事特殊工种和特殊工作环境工作的工人，连续工龄可进行折算。如井下矿工或固定在32华氏度以下的低温工作场所或在100华氏度以上的高温工作场所工作的职工，计算其连续工龄时，每在此种场所工作一年，可作一年零三个月计算。在提炼或制造铅、汞、砒、磷和酸的工业及化学、兵工等工业中，直接从事有害身体健康工作的职工，在计算其连续工龄时，每从事此种工作一年，作一年零六个月计算。

另外，职工发生以下情况，其前后工龄连续计算。

①凡经企业管理机关、企业行政方面调动工作、安排下岗者，调动、下岗（与企业保持劳动关系）前后的工龄应连续计算。

②经企业管理机关、企业行政方面调派国内外学习者，其学习期间及调派前后的工龄应连续计算。

③因企业停工歇业或者破产，职工经企业管理机关调派到其他企业工作者，调派前后的工龄应连续计算。

④企业经转让、改组或者合并，原有职工仍留企业工作者，其转让、改组或者合并前后的工龄应连续计算。

⑤职工在疾病或者非因工负伤停止工作医疗期间，在6个月以内者，连续计算为本企业工龄；超过6个月病愈后，仍回原企业工作者，除超过6个月的期间不算工龄以外，其前后工龄应合并计算为连续工龄。

⑥因工负伤或者职业病停止工作医疗期间，应全部计算为连续工龄。

⑦转入企业工作前的专门从事革命工作的工作年限和革命军人的军龄，均作连续工龄计算。

⑧学徒在本企业学习期间，应作本企业工龄计算，临时工、试用人员转为正式职工时，其本企业工龄，应自最后一次进入该企业工作之日算起。

⑨原分配在国有农场，由国家统一组织安排的城镇知识青年，在他们按政策离开农村、垦殖场或农村回城镇参加工作以后，其在农场、垦殖场或农村参加劳动的时间，可以与参加工作后的时间合并计算为连续工龄。

⑩归国华侨职工，从进入本企业工作之日起计算连续工龄。

综上所述，对于工龄工资，国家规定有具体的计算方式。另外，涉及工龄计算的不仅是在职期间，在职工退休后，也需要依据工龄的长短来计算退休工资的发放。

4.5
建立在市场价格基础上的市场工资制

市场工资制即着眼于市场情况，考虑当前企业在市场上的人才吸引力和竞争力而制定出的一种工资模式。它主要是根据市场价格水平来确定企业薪酬水平，根据地区及行业人才市场的薪酬调查结果，来确定岗位的具体薪酬水平。但关于企业是采取高于、等于或是低于市场水平的薪酬模式，则要考虑企业的盈利状况及人力资源策略。

市场工资制实际上就是通过市场供求关系决定薪酬基础，即人才稀缺的程度基本决定了薪酬的水平。例如对于企业需要的高技术人才，人才市场中比例较少，所以这类员工的薪酬水平较高。而对于基层类难度较低的人才，市场中较多，所以这类员工的薪酬水平普遍较低。

市场工资制的关键在于"市场"，即企业要准确找到市场中的薪酬水平，才能根据市场制定出具有竞争力的薪酬模式。其中包括了两项任务，首先企业要进行岗位管理，即需要准确界定企业岗位的职责和技能，才能在市场中找到目标岗位进行薪酬水平调查、合并和比较。其次，市场薪酬调查，薪酬调查数据的准确与否直接决定了企业市场工资制的成败。

薪酬调查即通过各种渠道和途径了解市场中同类岗位的薪酬水平，我们在第三章已经详细介绍了，这里就不再赘述。

从上述市场工资制的内容，我们可以看出市场工资制主要具有以下 3 个优点。

- ◆ 企业工资水平从市场的大角度出发，更容易提高自身薪酬的优势，也更能够吸引和留住企业人才。
- ◆ 企业可以通过调整那些替代性强的人才的薪酬水平，来节省人工成本，提高企业竞争力。
- ◆ 以市场薪酬水平作为企业薪酬制定的基础，更容易得到员工的支持，降低员工对薪酬的不满情绪和矛盾。

但是市场工资制也存在一定的缺点，具体如下所示。

①以市场作为企业薪酬制度的导向要求企业自身具有与市场同步的发展水平和盈利能力，否则难以承受市场的薪酬支付水平。

②完全以市场薪酬水平作为企业薪酬的导向，可能会忽略企业自身的一些岗位特点和特性，使建立起来的薪酬体系难以适应企业的发展。

综合前面的介绍，我们知道了如今比较主流的 5 种工资制，即岗位工资制、能力工资制、绩效工资制、年功序列工资制及市场工资制。不同的工资存在不同的优缺点，适合不同的企业和工作类型。下面我们来具体看看 5 种工资制度存在哪些差异。

（1）付薪因素对比

不同的工资制度考虑的付薪因素是不同的，这也是造成员工薪酬差异的根本原因。

在岗位工资制度中，是以岗位价值作为支付工资的基础和依据，确定员工工资时，首先会对岗位本身的价值做出客观评价，然后再支付给胜任这一岗位的员工与该岗位价值相当的工资。

在能力工资制度中，是以员工所拥有的知识和技能作为支付工资的基础，以人的能力情况作为工资支付的直接对象，员工能力强则工资高，能力弱则工资低。

在绩效工资制中，是以员工的工作业绩情况或员工工作效率作为支付工资的依据，员工的收入与工作目标完成情况直接挂钩。

在年功工资制中，是以员工为企业服务的年限长短来支付的一种工资制度，比较简单，员工工龄越长，工资就越高。

在市场工资制中，是以市场价格来确定企业的薪酬水平，而具体的高于、低于或等于市场水平，则要以企业的盈利情况和人力资源策略来决定。

（2）特点对比

根据付薪因素的不同，催生出了不同的工资薪酬特点，具体如下所示。

岗位工资制以岗位价值为中心，对岗不对人，岗位变则对应薪酬变。这样的薪酬制度，使得员工同岗同酬，方便管理，但是灵活性较差。

能力工资制以能力为主，能力提高则工资提高，可以鼓励员工为提高工资而自主学习，提高能力。但是操作起来存在难度，技能评定复杂，员工能力高低界定比较困难。

绩效工资制以工作结果为核心，与绩效直接挂钩，工资随绩效浮动，能够对员工产生明显的激励效果，为企业节约激励成本。但是可能会助长员工短期行为，使得员工团队意识差。

年功工资制中员工的工龄与工资同步增长，使得员工的忠诚度更高，归属感更强，企业稳定性也更强。但是缺乏弹性，也缺乏激励。

市场工资制根据市场、竞争对手确定工资，使得企业的工资水平在同行业中的竞争性更强，也更有利。但是从企业内部来看，缺乏内部公平。

可以看到，不同的工资制度存在着不同的优缺点，所以我们在实际的运用中可以考虑融合两种或以上的工资制度，取长补短，这样设计的工资制度往往更符合企业的实际情况，实操性也更强。

第五章

薪酬实例：
典型岗位员工的薪酬设计

前面详细地介绍了薪酬模式，了解了各种薪酬模式的特点，这一章我们将透过实际典型的岗位具体来看不同岗位的员工薪酬模式运用和设计。

05

5.1
行政人员的薪酬设计法

每一个公司都有行政部门，行政部门中的行政员工与各个部门紧密联系，协调各个部门之间的各种事项，是不可缺少的一个企业职能部门。那么，企业行政人员薪酬是怎样的呢？

5.1.1　行政人员的岗位特点

虽然每个公司都有自己的行政部门，但是很多人却对行政部门的工作内容并不清晰，甚至还有很多人将其模糊的定义为企业后勤部门。实际上，行政部门员工的工作繁杂，涉及企业的方方面面，具体可以将其划分为 3 个部分，具体如下所示。

（1）行政管理工作

行政管理工作主要包括两个部分，即制度建立与完善，以及部门沟通与人员协调。

在制度建立与完善方面，行政人员需要根据企业的实际情况为企业制定出符合现实情况的规章制度，并在制度实施过程中不断优化和调整，以便在企业发展过程中，制度能够不断完善与企业相适应。

在部门沟通与人员协调方面，行政人员需要准确了解上级领导的意图，及时准确地传达信息，做好上情下达工作，与各个部门做好充分沟通，了解实际情况，并将实情及时反馈给领导。在沟通协调过程中，有效地推进工作完成。

（2）日常行政事项

行政人员在日常的办公过程中还涉及大量零碎的日常行政事项，具体包括如下列示的一些。

◆ 以公司形象接听外部电话，或接待公司访客。

◆ 应对公司的一些突发事件，主要是指公关类的外联事件。

◆ 公司证件、印章的管理。

◆ 会议安排、记录和管理。

◆ 公司文件制发和档案管理。

◆ 办公物资的采买、管理和发放。

◆ 公司员工培训、集体活动组织与安排。

◆ 监督企业各项规章制度的执行。

（3）企业的外部沟通

行政部门是企业的外联部门，负责企业对外的沟通和协调，主要包括与政府职能部门沟通，以及与合作伙伴之间的沟通。与政府职能部门的沟通主要是指企业证件办理、审核及资质审核等，行政人员要熟悉政府职能部门的办事流程和规章制度，按时地完成企业各项资质审核工作。

而与合作伙伴之间的沟通，则要求行政人员要多方面了解与业务相关的事务，做到准确了解对方的意图，帮助进行有效的沟通与传达。在沟通过程中注意以公司利益为主，重视与合作伙伴之间的情感建立。

根据上述行政人员的工作内容介绍，可以看出行政人员的工作存在以下4个特点。

①工作事项多且杂，但难以通过数字计算来对工作内容进行具体的量化，往往需要结合一些定性指标进行判断，这就使得绩效评价存在一定的主观性。

②行政人员的工作往往是为其他部门或其他员工的某项事件服务，工作成果难以显现，这就加大了对行政人员工作质量判断的难度。

③行政人员的临时性工作较多，计划性不强，工作考核中难以找到重点。

④行政人员的工作大部分需要协调横向、纵向的相关部门展开工作，因此对行政人员的工作质量衡量可能会涉及多个考核者。

5.1.2　行政人员的薪酬结构设计

结合行政人员的工作特点，其薪酬结构应包括：基本工资、岗位工资、绩效工资和福利工资 4 个部分，即薪酬总额 = 基本工资 + 岗位工资 + 绩效工资（岗位工资 × 绩效系数）+ 福利工资。

◆　基本工资

基本工资应该参照市场工资制，结合岗位评估的结果，制定出相应的工资额度。

◆　岗位工资

岗位工资应该按照企业设置的不同岗位层级进行划分，并设定不同的薪酬层级。行政人员应划分为初级员工、中级员工、高级员工及资深员工。不同层级应依从行政工作经验及资历来进行设置，通常初级员工为 1 年相关工作经验的员工；中级员工工作经验在 2 年左右；高级员工工作经验在 3 年左右；资深员工工作经验在 5 年及以上。

◆　绩效工资

绩效工资部分主要是对绩效系数的确定，也就是通过绩效考核结果确定员工的绩效系数，从而确定绩效工资，这是行政人员薪酬设计的关键。

行政人员的绩效考核需要根据其工作内容来具体设计，即对行政人员进行绩效考核时，首先需要对其工作进行分析，具体如下。

①该岗位的工作内容是什么?

②从事该岗位需要具备哪些知识与能力?

③结合实际工作内容制定该岗位的绩效目标。

　　然后再根据上述内容确定行政人员的绩效考核指标，通常行政人员的绩效指标从 3 个方面来进行设置，如表 5-1 所示。

表 5-1　确定行政人员的绩效考核指标

方向	内容
工作内容	从行政人员的工作内容出发，设置重点工作任务考核指标。注意，在设置时，目标指标不要设置过多，只需要抓住重点指标即可
工作态度	从行政人员的工作态度方面出发，主要考核行政人员工作的积极性、责任心及忠诚度等
横向、纵向评价指标	从横向和纵向的方面设置周边协调部门评价指标，对被考核人员在沟通和协调中的响应及时性、服务性及协作精神等进行考核

| 范例解析 |　某公司行政部门人力资源专员的绩效考核表制作

　　某公司根据该公司行政部门人力资源专员的工作特点和情况，制作了绩效考核表，具体如表5-2所示。

表 5-2　行政部门人力资源专员考核表

考核项目	内容	得分					评分		最终得分	权重
		1～2	3～4	5～6	7～8	9～10	自我评价	领导评价		
工作绩效	工作质量	工作质量低下，经常出错	质量一般，低于平均水平	基本完成任务，质量较好	按时完成工作任务，质量较高	提前完成工作任务，工作质量突出				3
	工作效率	规定时间内不能完成	需要催促，效率一般	效率一般，基本按时完成	效率较高，保质保量	超前完成任务，快速准确				

续上表

考核项目	内容	得分					评分		最终得分	权重
		1～2	3～4	5～6	7～8	9～10	自我评价	领导评价		
日常工作	档案信息掌握情况	档案文件杂乱	能够做到保管，但准确性不高	不能及时更新，缺少相关内容	档案保管较好，信息掌握基本完整、准确	档案保管完好，信息掌握完整，并能加以总结				5
	考勤信息	不准确，不及时，出错次数在3次以上	失误在3次以内	失误在2次以内	考勤信息准确把握，但记录不规范	考勤信息准确把握，记录完整规范				
	工资审核	有重大错误	基本能够完成，但有小的错误	在规定时间内完成，但审核不规范	在规定时间内完成审核，没有失误	工资审核细致准确，提前完成				
	招聘审核	不懂也不能参加	能参与其中，但作用不大	能完成交办的基本工作	能完成工作并提出更好的建议	能独立完成任务，并优化工作内容				
工作态度	积极性	不上进，懒散	遇到问题容易退缩	不断进取，对工作不挑不拣	求知欲强烈，不断学习提高自己	勇于挑战，刻苦钻研完成目标				

考核项目	内容	得分					评分		最终得分	权重
		1～2	3～4	5～6	7～8	9～10	自我评价	领导评价		
工作态度	责任心	消极被动，不负责任	时而责任心强，但多数情况缺乏责任	有一定责任心，对自己工作负责	责任心强，并勇于承担责任	对公司的工作都有很强的责任心				2
考核得分	（1～2项平均分）×30%+（3～6项平均分）×50%+（7～8项平均分）×20%									
绩效系数	考核得分≤6，绩效系数为D级；6＜考核得分≤8，绩效系数为C级；8＜考核得分≤9，绩效系数为B级；9＜考核得分，绩效系数为A级。（A级绩效系数为1.5；B级绩效系数为1.2；C级绩效系数为1；D级绩效系数为0.8）									

◆　福利工资

福利工资按照国家相关法律法规，以及企业自身的盈利情况做具体安排。行政员工的福利工资与全公司员工一致，不做特殊安排。

5.1.3　某公司行政部门薪酬结构解析

某产品销售公司除了设置企业核心部门销售部门之外，为了规范企业组织结构，以便更好为公司业务服务，还设置了综合行政部门和财务部门。其中，行政部门的组织结构情况如图5-1所示。

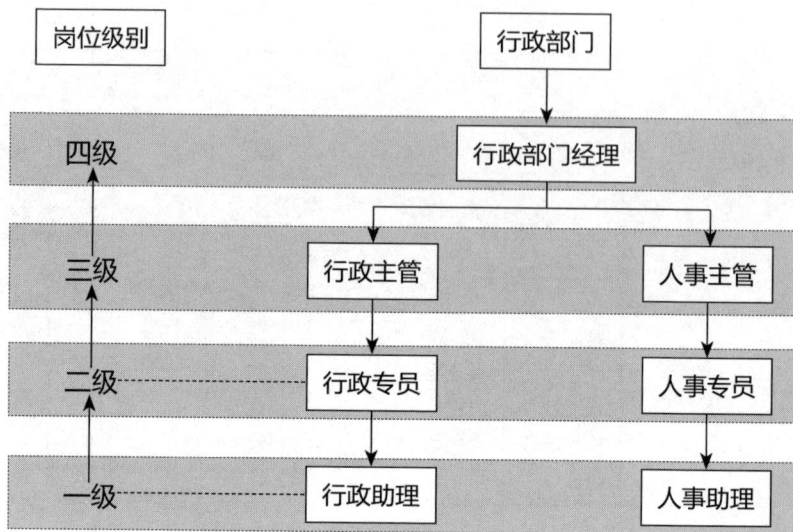

图 5-1

行政部门员工的工资组成包括：基本工资、岗位工资、工龄工资、绩效工资、奖金和福利。其中，月应发工资 = 基本工资 + 岗位工资 + 绩效工资 + 工龄工资。

具体解析如下。

◆ 基本工资

行政部门员工的基本工资按照岗位层级来确定，具体如表 5-3 所示。

表 5-3　行政部门员工基本工资表单

基本工资 岗位级别	3 000 元	2 800 元	2 500 元	1 800 元
四级	行政部门经理			
三级		行政主管、 人事主管		
二级			行政专员、 人事专员	
一级				行政助理、人事助理

◆　岗位工资

行政部门的岗位工资是根据各个岗位的评估结果进行划分的，各个岗位的权责如表5-4所示。

表5-4　岗位的权责内容

岗位	直接上级	直接下级	经管权限	职责
行政部门经理	总经理、副总经理	人事部主管、行政主管	财务部门	统筹经管公司政务、事务、安全保卫、内部服务与对外联络工作，并监管财务部日常工作
行政主管	行政部门经理	行政专员、行政助理	行政经管部门	负责部门及公司内部员工工作和信息的沟通，各种规章制度的督查沟通交流及公司员工绩效考核统计等
人事主管	行政部门经理	人事专员、人事助理	人事经管部	负责企业人才招聘、培训，办理员工升职、解聘、入/离职工作以及员工档案资料的收集
行政专员	行政主管	无	无	协助执行公司行政部门的日常工作
人事专员	人事主管	无	无	执行上层领导的人事工作安排新员工的面试入职接待工作
行政助理（实习岗）	行政主管	无	无	公司日常行政工作，上层领导安排的临时性工作
人事助理（实习岗）	人事主管	无	无	执行上层领导的人事工作，安排新员工的面试入职/离职接待办理工作

从上表可以看到，岗位与权责紧密相连，层级越高，权责范围越大，承担的责任也就更广，自然其岗位价值也就更高，所以岗位工资也随之增高。岗位工资如表5-5所示。

表 5-5　岗位工资

岗位层级	一级	二级	三级	四级
岗位工资	800 元	1 200 元	1 500 元	2 000 元

◆ 绩效工资

绩效工资是根据员工当月绩效考核结果的得分情况取得对应的绩效系数，然后核算出来。其中，绩效工资 = 岗位工资 × 绩效系数。

根据行政岗位职责的不同，其绩效考核的内容也不同，如图 5-2、图 5-3 及图 5-4 所示分别为行政部经理、行政专员及人事专员的月绩效考核表。

行政部经理＿＿＿月绩效考核表

项目	考核指标	分值	评分依据	自评分	考评分
行政后勤	文件、档案管理	15	是否严格按照"文件管理规定"及公司管理体系相关规定进行管理、存档、发文		
	卫生、公共设施维护及时率	10	考核期内公共设施、办公设备维护及时率达到 95% 以上		
人力资源管理	计划完成率	10	依据人员需求满足的及时性考评		
	招聘计划完成率	10	考核期内招聘计划完成率达 95%		
人员接待	接待完成情况	10	考核期内接待完成率达 95%		
	接待满意率	5	考核期内接待对象反应的满意率 90%		
内部管理	员工管理	15	1.部门内部关系和谐，配合默契，受到下属一致肯定：10～9 分 2.部门内部关系和谐，遵守公司制度，基本得到下属肯定：8～7 分 3.多数情况下能控制和管理下属，有威慑力，但认同度稍差：6～5 分 4.内部关系偶有变化，有下属不服从管理违反原则性制度的现象：4～3 分 5.内部关系有起伏，违反制度现象较多：2～0 分		
	部门协作满意度	10	1.无其他部门投诉：10～9 分 2.发生其他部门投诉但通过协调沟通仍能解决：8～6 分 3.发生其他部门投诉，通过协调沟通问题解决率达 50% 以上：5～3 分 4.经常有其他部门投诉，不主动协调：2～0 分		
	考勤表现	10	1.无缺勤（请假、迟到或早退），能根据工作情况有效加班：5 分 2.缺勤次数在 2 次以下，能根据工作情况有效加班：4 分 3.缺勤在 2 次以内，无加班：3 分 4.缺勤在 3 次以内，根据情况有效加班：2 分 5.缺勤在 3 次以内，无加班：1 分 6.缺勤在 4 次或以上：0 分		
关键能力	工作执行力	5	1.能对本职工作进行合理的计划安排，计划达成率为 90% 以上：5 分 2.能制定计划，有一定偏差，但不影响总体计划，达成率以 75% 以上：4 分 3.制定的计划不能为总体目标的实现带来正面影响，达成率在 60% 以下：3～0 分		
总分					

被考核人：＿＿＿＿＿＿＿　　　　　　领导审核：＿＿＿＿＿＿＿

图 5-2

行政专员＿＿＿月绩效考核表

考核项目	考核指标	分值	评分依据	得分
文控文秘工作	文件下发及时、准确	10	在规定的时间内完成文件的拟定、审核与发放	
组织活动	会议、活动的组织与安排	15	按时制作每月活动内容及所需材料，会议的组织、安排及时准确，会议纪要准确，活动组织实施有效	
办公文档	办公及劳保用品供应及时	15	办公及劳保用品能够按配置计划购买，保证各部门正常运转	
	文档保管和处理	10	各类文件的分类和存档要及时、准确	
后勤管理	后勤管理包括（工作环境、卫生、生活）	15	后勤正常运作，卫生的监督与达标状况正常，员工工作生活满意度高	
	外联、员工内部关系	10	1.对外联络与申报发生差错率。2.因部门内部或部门之间沟通不畅，造成办事迟缓	
管理制度	各项管理制度的监督	15	严格按照制度办事，并能做好监督和执行	
工作态度	服从上级领导的工作安排	10	是否能够绝对服从上级领导的工作安排，且行之有效	
被考核人：＿＿＿＿＿＿＿			总分：＿＿＿＿＿＿＿	
备注：本岗位由部门负责人负责考核评分。				

图 5-3

人事专员＿＿＿＿＿月绩效考核表

考核项目	考核指标	分值	评分依据	得分
招聘完成率	招聘人员到岗情况	20	各岗位员工招聘的及时性，招聘计划的完成率	
培训完成率	培训计划的制定与实施	10	按照每月制定的培训计划，行之有效地实施并完成	
绩效考核完成率	绩效考核的及时性、准确性	10	每月 5 日前完成各部门绩效考核的收集准备工作，并及时、真实、有效实施	
考勤制作准确率	考勤制作及准确性	15	每月 10 日前完成上月的考勤，保证数据的及时、准确	
薪酬管理	薪酬制度的完善与合理以及工资核算	10	根据现有的薪资福利制度及公司的运作状况不断完善相关政策，及时核算各部门工资	
人事关系	员工内部关系沟通	15	定期与员工进行沟通，了解员工工作状况，做好新员工的培养与老员工的疏导工作，保障团队的稳定	
合同档案管理	劳动合同、员工档案	10	与新员工及时签订劳动合同并妥善保管，做好员工档案的管理	
工作态度	服从上级领导的工作安排	10	是否绝对服从上级领导的工作安排，且行之有效	
被考核人：＿＿＿＿＿＿＿			总分：＿＿＿＿＿＿＿	
备注：本岗位由部门负责人考核评分。				

图 5-4

绩效分数对应不同的绩效等级，具体如表 5-6 所示。

表 5-6　绩效等级

绩效分数	等级	等级含义	绩效系数
低于 45 分	D	很差	0.6
45 ~ 59 分	C	较差	0.8
60 ~ 74 分	B	中等	1
75 ~ 89 分	A	优秀	1.2
90 分以上	S	极优秀	1.5

◆　工龄工资

工龄工资按照正式入职年限来进行计算，所有员工均满 12 个月后开始计算，具体工龄工资计算方式如表 5-7 所示。

表 5-7　工龄工资

工龄	1 年＜工龄＜3 年	3 年≤工龄＜5 年	5 年＜工龄＜8 年	工龄≥8 年
工龄工资	50 元／月	100 元／月	150 元／月	200 元／月

从该公司的行政部门的薪酬设计可以看出，固定工资在工资总额中占比 60% 左右，浮动工资占比 40% 左右。浮动工资由自身的工作绩效决定，不同的绩效结果决定了不同的绩效系数，从而确定不同的绩效工资。

这样的薪酬比例一方面能对员工起到激励作用，鼓励员工追求高工资的同时，提高自己的工作质量；另一方面，这样的薪酬结构对于行政员工来说也是比较科学、合理的，对广大公司的行政部门具有参考意义。

总的来说，在行政人员的薪酬设计中，最重要的，也是最难的在于对员工的岗位评价和工作质量评价，只要确定这两点就能轻松完成。

5.2
销售人员的薪酬设计法

销售人员的薪酬结构属于特色比较浓的一种薪酬模式，因为销售类员工的工作质量绝大部分由其业绩决定，而业绩又是可以直接量化查看的数据，所以这在一定程度上为销售人员的薪酬结构设计降低了难度。下面我们来具体看看销售人员的薪酬设计。

5.2.1　销售人员的岗位特点分析

想要设计出销售人员的薪酬结构，首先需要结合销售人员的岗位特殊性分析销售人员考核的特点。

很多人对于销售行业存在误解，因为"销售"是我们日常生活中接触比较多的一个行业，所以销售给我们的印象通常是入职门槛较低，对学历、年龄和工作经验等没有特别要求，也不需要员工具备特别的技能，由此产生了销售岗位价值不高的印象。

其实，与企业的其他员工相比，销售行业自身具有突出的行业特性，对企业而言也具有重要的价值，具体如下所示。

◆ 销售常常是企业经营的利润来源，如果一个企业缺乏高质量的销售精英团队，企业产品就会缺乏输出渠道，必然会给企业带来重大损失。

◆ 销售人员面对的客户量多且素质参差不齐，这就要求销售人员自身具备应急能力和创新能力，以应对不同的客户。

◆ 销售人员为了提高自身的销售能力满足客户日益增长的需求，需要积极学习相关知识。

◆ 销售是一份与人交流，以客户为主体的工作，因此销售人员自身必须深谙心理学知识，对人基本的心理活动和反应有所了解。

从上述销售人员的工作特点我们知道，销售人员的工作质量与其销售业绩和销售能力直接相关，这就使得销售人员的工资结构往往以销售能力考核为主，基本工资为辅。

根据销售人员的工作特点出发，销售人员的考核可以从以下两个方面出发，具体如下所示。

（1）可量化的考核指标

因为销售人员的销售业绩性质，使其许多工作都可以通过可量化的考核指标来进行反馈，主要包括下列一些考核指标。

①业绩情况，能反应销售人员业绩情况的考核指标包括但不局限于以下所示的指标。

◆ **市场占有率**：指某企业某一产品（或品类）的销售量（或销售额）在市场同类产品（或品类）中所占比重。

◆ **市场增长率**：指产品或劳务的市场销售量或销售额在比较期内的增长比率。

◆ **产品销售量**：指在一定时期内实际销售出去的产品数量。

◆ **销售回款率**：指企业实收的销售款与销售收入的总额比率。

◆ **销售目标完成率**：指实际销售数与销售任务的比率。

◆ **销售毛利率**：毛利与销售收入（或营业收入）的百分比，其中毛利是收入和与收入相对应的营业成本之间的差额。

②客户维护情况，能反应销售人员对客户服务情况的考核指标包括但不局限于以下所示的指标。

◆ **客户满意度**：是客户对服务满意程度的衡量指标。

◆ **客户忠诚度**：指客户对企业产品或服务的依赖和认可、坚持长期购买和使用该企业产品或服务所表现出的在思想和情感上的一种高度信任和忠诚程度，是客户对企业产品在长期竞争中所表现出的优势的综合评价。

◆ **客户投诉次数**：指客户对企业产品质量或服务上的不满意，而提出的书面或口头上的异议、抗议、索赔和要求解决问题等行为次数。

◆ **客户增长率**：指当月新增客户数与当月总客户数的比例，反应销售人员挖掘潜在市场、扩大市场占有率的能力。

（2）不可量化的考核指标

除了可量化的考核指标外，对销售人员的考核中也存在一些难以量化的考核指标，例如销售人员工作的积极性、主动性、学习能力、沟通协调能力及语言能力等。

因为销售人员的主要工作职责就是完成销售目标，提高销售业绩为企业带来更多的利润，所以在销售人员的绩效考核中虽然包括可量化和不可量化两部分的考核指标，但通常还是以可量化的业绩指标为主。

需要注意的是，不同行业的销售企业其销售可能会存在差异，因此在选择考核指标时不能照抄照搬，应该结合公司和行业的实际情况，选择真正有效的，能够真实反映销售人员工作情况的指标进行考核。

5.2.2 销售人员的薪酬结构设计

因为销售人员是直接关联企业的经营业绩，所以在销售人员的薪酬设计上一定要对员工具备激励性，才能够激励员工为追求高薪酬积极追求高业绩。这样的定薪逻辑明确了然，在销售人员的薪酬结构中，应采取低底薪、高提成的模式，同时还要兼顾到产品和公司的各项要素。

销售人员的薪酬结构模式比较灵活，为了适应各行各业中的销售岗位，衍生出了以下 5 类销售人员薪酬结构模式，如表 5-8 所示。

表 5-8　销售人员的薪酬结构模式

模式	底薪	业务提成	绩效奖金
固定薪资模式	√		
纯佣金模式		√	
"底薪＋提成"模式	√	√	
"底薪＋奖金"模式	√		√
"底薪＋提成＋奖金"模式	√	√	√

下面我们来一一介绍。

（1）固定薪资模式

固定薪资模式，即公司根据上一年度的销售业绩设定出不同的基础薪酬以激励销售人员。固定薪资模式类似于大锅饭，销售部门中的销售人员为一个整体共同完成业绩目标，再获得薪资。员工工资如下所示。

员工工资=每月固定底薪

优点分析：固定薪资模式对企业来说，管理方便，员工工资核算简单，且销售人员为一个团队，彼此之间没有竞争性，有利于增强企业的凝聚力。对销售人员来说，以个人销售业绩为主的薪酬模式虽然薪资可能更高，但保障性却不强，而这样的薪酬模式保障性反而高。

缺点分析：固定薪资模式下，对员工来说，业绩高低都不会直接改变其工资情况，因此对员工来说完全没有激励性，难以提升销售人员积极工作的热情。

（2）纯佣金模式

佣金指企业以某个指标（如销售收入、销售利润或销售量等）的一定百分比提取，比率高低取决于产品价格、销售量及产品销售的难易程度等，是可以变动的。员工工资如下所示。

员工工资=销售额（或毛利、利润）×提成率

纯佣金模式即将销售人员的业绩与薪酬直接关联，销售业绩高的员工可获得高工资，销售业绩低的员工即获得低工资。

优点分析：纯佣金的薪酬模式的激励作用较高，能够促使员工为了得到高工资而积极工作，也为企业减少了监控成本。

缺点分析：在纯佣金薪酬模式下，对销售人员来说，纯佣金薪酬模式没有底薪保障，容易引发不安全感，尤其是在销售淡季，这种不安感更浓；对企业来说，销售人员在利益驱动下容易只关注销售业绩而忽视销售过程，以及销售手段等，不利于企业的团结。

（3）"底薪＋提成"模式

"底薪＋提成"的薪酬模式结合了固定底薪和销售提成两个部分，即销售人员当月有一定的销售额，不论销售人员当月是否完成销售任务都能够得到固定底薪。如果销售人员完成当月销售任务，则超过部分按照比例提成。员工工资有以下两种模式。

员工工资=固定底薪+（当月销售额-销售任务额）×提成率

员工工资=固定底薪+（当月销售额-销售任务额）×毛利率×提成率

优点分析："底薪＋提成"的薪酬模式实际上融合了固定底薪模式和纯佣金模式的特点，使销售人员的个人工资既能有固定薪资作为保障，又与其销售业绩关联，激励销售人员提高薪酬水平。

（4）"底薪＋奖金"模式

"底薪＋奖金"模式指销售人员工资由基本固定工资和绩效奖金两个部分组成，绩效奖金虽然不直接与销售人员的销售额联系，却与一系列和销售

工作相关的指标联系，例如销售额、利润额、客户满意度及客户增长率等。根据销售人员的绩效成果设置不同的奖金等级，销售人员达到相应的销售任务即可获得相应的奖金。

个人收入=基本薪酬+奖金

例如，某公司销售人员的销售目标为 50 万元／月，奖金 5 万元，低于 50 万元则没有奖金，但是如果高于 50 万元还可以得到超额奖金。

优点分析："底薪＋奖金"的模式在改善了固定底薪模式没有激励性的缺点上，在保障员工基本工资的情况下以奖金激励员工提高业绩。

需要注意的是，在"底薪＋奖金"模式中奖金设置等级要划分细致，让员工感到有希望、有动力。如果划分等级差距过大，不但不能对员工起到激励作用，还会打消员工工作的积极性。如上例所述，以 50 万元为销售奖金任务，对员工来说，完成 1 万元与完成 49 万元销售目标的工资是一样的，都只能得到底薪，这样会打击高业绩人员工作的积极性。

（5）"底薪＋提成＋奖金"模式

"底薪＋提成＋奖金"模式是在参考了前面两种模式特点的基础上进行了综合，也被越来越多的企业采用。首先确定部门奖金总额，再确定个人收入，员工工资计算如下所示。

部门奖金总额=（销售部门当期整体销售额－整体销售定额）×提成率

个人收入=基本薪酬+（个人当期销售额－销售定额）×提成率+部门奖金总额×个人当期销售额+销售部门当期整体销售额。

优点分析：将员工的个人利益与部门利益紧密联系在一起，有利于培养员工的团队协作精神，提高团队凝聚力。

同时，这种模式薪酬构成成分多，可控制、调节的变量也多，运用起来也比较灵活。但是相应地，其管理和运用的复杂性也会增加，从而增加了薪酬管理的成本，而且各项构成的累加会使得支付成本刚性增加。另外，该模式容易使销售部门只关注当期利益，而忽视与企业长远发展相关的营销策略。

另外，薪酬设计人员除了要考虑销售人员的薪酬结构模式之外，在设计过程中还要注意以下 4 个问题。

①确定销售人员的当月销售定额，即最基本的销售量。如果销售人员的薪酬结构中基本工资高则销售定额高。通常情况下，在销售部门的绩效分配方案中，应该有 70% 左右的人能够完成或超额完成销售额，30% 左右的人不能完成。

②确定销售超额部分与个人收益的关系时，应注意封顶和不封顶。

③注意销售提成比例分为等比例、级差比例、递增比例和递减比例。

④当销售人员业绩达到设定的额度时，需要考虑是否另外设定奖金。

5.2.3　某公司销售部门薪酬结构分析

某大型公司的销售部门组织结构如图 5-5 所示。

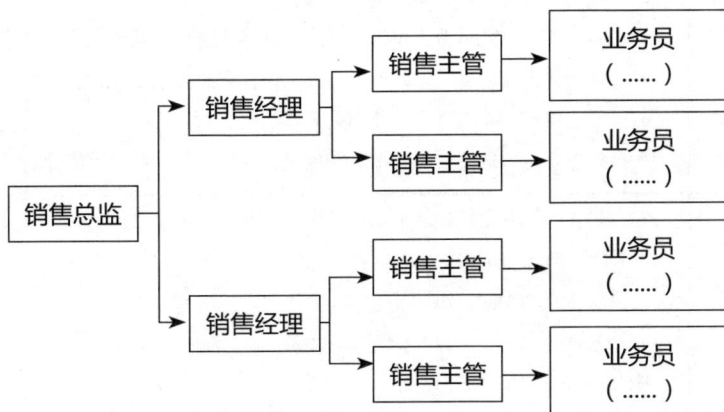

图 5-5

该公司属于一个中型企业，销售部门的组织结构比较健全，组织层级为4层，销售总监1名→销售经理2名→销售主管4名→业务员200名。

销售部门的薪酬由岗位工资和绩效工资两部分组成。其中岗位工资包括基本工资和考核工资；绩效工资包括月度绩效工资、季度绩效奖金和年度绩效奖金。因此，销售部门员工的薪资如下所示。

员工薪资=基本工资+考核工资+月度绩效工资+季度绩效奖金+年度绩效奖金

（1）岗位工资

销售部门中的岗位层级明显，不同层级中的岗位有不同的权责范围，并由此产生了不同等级的岗位工资，如表5-9所示为销售总监岗位说明。

表5-9　销售总监岗位说明

岗位名称：销售总监	
直属上级：公司总经理	
直接下级：销售经理	
岗位职责	1. 对总经理负责，主持销售系统日常工作，负责所属系统人、财和物的综合管理与协调。 2. 主持部门销售工作，制定销售计划，统筹全局。 3. 主持公司、团队常务工作，负责团队发展技能培训及外围业务的开拓。 4. 协调销售系统内部关系，监督相关工作，完成既定目标和业绩指标。 5. 建立、维护和发展良好的外围关系和社会资源。 6. 对销售各部门的发展提出指导性意见，总体制定并监督销售计划的执行情况
任职资格	1. 在销售团队从事5年以上销售工作，并取得突出业绩。 2. 具备团队领导能力。 3. 具有良好的沟通、协调及组织能力。 4. 拥有良好的社会资源、行业人际关系。 5. 具有优秀的谈判能力。 6. 年龄35岁以下

表 5-10 所示为销售经理岗位说明。

表 5-10　销售经理岗位说明

岗位名称：销售经理
直属上级：销售总监
直接下级：销售主管

岗位职责	1. 对总监直接负责，汇报各项工作并获得新的指示。 2. 负责销售团队的管理。 3. 负责销售团队的日常培训。 4. 监督与考核团队的各方面指标，完成既定目标与业绩指标
任职资格	1. 具有 3 年以上从事销售的经验，并取得相应的业绩。 2. 具备带领团队的领导能力，并具备较强的抗压能力。 3. 具有良好的组织与协调能力。 4. 年龄 30 岁以下

表 5-11 所示为销售主管岗位说明。

表 5-11　销售主管岗位说明

岗位名称：销售主管
直属上级：销售经理
直接下级：业务员

岗位职责	1. 对主管直接负责。 2. 完成主管下达的各项任务。 3. 完成既定的业绩指标。 4. 带领团队完成相应的业绩与指标任务。 5. 培训小组成员，建立团队的凝聚力与归属感
任职资格	1. 具备一定的协调能力。 2. 具备优秀的谈判能力。 3. 具备较强的抗压能力

表5-12所示为业务员岗位说明。

表5-12 销售业务员岗位说明

岗位名称：业务员

直属上级：销售主管

直接下级：无

岗位职责	1. 完成既定的业绩指标与任务。 2. 直接对销售主管负责
任职资格	1. 具备一定的销售技巧和能力。 2. 有良好的沟通能力。 3. 有经验者优先考虑

根据不同的岗位职责制定了不同的岗位工资，具体如表5-13所示。

表5-13 岗位工资标准表

岗位名称	岗位工资		销售业绩任务
	基本工资	考核工资	
销售总监	3 000元	800元	部门业绩 任务100万元
销售经理	2 000元	600元	负责区域业绩 任务50万元
销售主管	1 600元	400元	负责销售小组 业绩任务25万元
业务员	1 600元	400元	2.5万元
	1 400元	350元	1.8万元
	1 200元	300元	1.2万元
	1 000元	200元	0.8万元

其中，业务员岗位工资遵循"能上能下"原则，以当月的销售业绩情况为基准，完成相应的业绩任务，即获得相应的岗位工资。

考核工资由月度绩效考核成绩来确定，即考核工资＝考核工资总额×（考核得分÷100）。具体的考核如表5-14所示。

表5-14 销售部门绩效考核表

销售部门绩效考核表					
考核时间：	姓名：	职务：	工号：		
评价因素	对评价期间工作成绩的评价要点			分值	得分
工作业绩		计划	实际完成	完成计划率（%）	100	
	业绩（万元）				20	
	利润（万元）				15	
	回款（万元）				13	
	退货次数				10	
	新增客户数				10	
业务活动	1. 正确理解工作指标，制定适当的实施计划				4	
	2. 能够合理安排和分配工作				4	
	3. 沟通能力强，能够快速及时完成沟通任务				4	
	4. 具备团队协作精神，具有团队意识				4	
工作态度	1. 在工作安排上任劳任怨，没有抱怨等消极情绪				4	
	2. 善于规划和实现自己的工作目标				4	
	3. 能够妥善处理工作中失效和临时追加的工作任务				4	
	4. 能够快速理解上级意图，并完成相应的指示				4	
考核人综合评价：					
考核人签字：	日期： 年 月 日				
被考核人签字：	日期： 年 月 日				

（2）绩效工资

绩效工资包括月度绩效工资、季度绩效奖金和年度绩效奖金。月度绩效工资指根据员工当月的销售业绩情况发放的销售提成；季度绩效奖金指根据当季度销售目标的完成情况按季度发放的销售绩效奖金；年度绩效奖金指根据当年销售目标的完成情况按年度发放的销售绩效奖金。

◆ 月度绩效工资

月度绩效工资严格按照当月个人及部门的业绩情况发放，即月度绩效工资＝销售额×提成比例，没有达到销售目标则没有提成。具体发放标准如表5-15所示。

表5-15　月度绩效工资发放标准

岗位	销售额度	提成比例
销售总监	部门业绩任务100万元	0.03
销售经理	负责区域业绩任务50万元	0.03
销售主管	负责销售小组业绩任务25万元	0.03
业务员	2.5万元	0.4
	1.8万元	0.3
	1.2万元	0.25
	0.8万元	0.2

◆ 季度绩效奖金

季度绩效奖金以季度销售目标达成情况作为唯一执行标准，未完成季度销售目标，没有季度奖金。如超额完成季度销售目标，季度绩效奖金则以提成的方式计算，即季度绩效奖金＝销售额×绩效提成比例。其中，业务员季度绩效奖金＝个人季度销售额×0.1，管理层季度绩效奖金＝对应负责团队销售额×0.02。

具体的季度销售任务如表5-16所示。

表 5-16 季度销售任务表

岗位	第一季度目标	第二季度目标	第三季度目标	第四季度目标
销售部门业绩	300 万元	300 万元	400 万元	500 万元
各区域销售业绩	150 万元	150 万元	200 万元	250 万元
各小组销售业绩	75 万元	75 万元	100 万元	125 万元

◆ 年度绩效奖金

年度绩效奖金以年度销售目标达成情况作为唯一执行标准，未完成年度销售目标，没有年度绩效奖金。如超额完成年度销售任务，年度绩效奖金以以下方式计算。

年度总目标达成，业务员个人年度绩效奖金=个人年度实际销售额×N%

年度总目标达成，管理层年度绩效奖金=各个负责区域年度实际销售额×N%

具体提成标准如表 5-17 所示。

表 5-17 年度绩效奖金提成标准

S= 年度实际销售额 - 年度销售目标	业务员 N （%）	管理层 N （%）
0 < S ≤ 50 万元	5	1
50 万元< S ≤ 80 万元	7	3
80 万元< S ≤ 100 万元	8	5
S > 100 万元	10	7

综上所述，可以看到该公司的销售部门实际上采用的是"底薪＋提成＋奖金"的薪酬模式，以高提成的浮动薪酬激励销售部门员工积极提高业绩，同时以固定薪酬保障员工的生活水平，然后再以高额绩效奖金提高薪酬模式的竞争性。我们在实际的销售岗位薪酬设计中也要注意多种薪酬模式的综合使用，使薪酬的灵活性更强，可调控范围更广。

5.3
客服人员的薪酬设计法

客服行业在日常生活属于比较常见的一种行业岗位，随着经济物质的发展，各行各业的服务意识也越来越强，因此客服人员成了企业运营中不可或缺的一种岗位。

客服人员实际上就是服务性员工，即代表企业形象为客户提供各种各样的服务，提高客户对企业的满意度，但是这样的工作往往难以计算，那么在这样的情况下，客服人员的薪酬应该怎么设计呢？

5.3.1　客服人员的岗位特点分析

客服，即客户服务，就是为客户答疑解惑，帮助客户解决产品购买前、使用过程中及产品售出后可能会遇到的各种各样的问题。

客服人员一般分为两类：在线客服和传统线下门店客服。其中，线下门店客服通常具备了一定的销售性质，他们的薪酬除了传统的客服薪资之外，更重要的是销售业绩提成。这里我们主要介绍的是在线客服。

不同行业的客服人员，他们的服务范围不同，但是综合来看他们的服务工作主要包括以下几个方面。

①意见处理。面对客户提出的意见，客服人员要及时做出反馈和处理。

②资料管理。客服人员还需要对客户资料、信息进行管理，尤其是会员客户更需要重点管理。

③技术支持。客服人员还需要熟练掌握企业自身的产品，为客户提供技术支持，以便及时为客户解决各种疑难杂症。

④内部合作。客服人员的宗旨是服务客户，对于技术层面上的了解比较

浅显，所以在遇到不会或不懂的问题时要懂得第一时间内部沟通合作，完成客户咨询。

⑤客户需求分析。有的客户联系客服时常常会出现问题阐述不清，表达不明的情况，对此客服人员要懂得做客户需求分析，快速洞悉客户的真实需求，为客户解决问题。

总结来看，客服岗位的职责有 3 项，如图 5-6 所示。

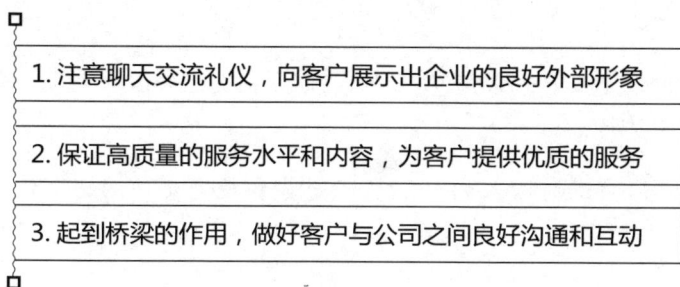

1. 注意聊天交流礼仪，向客户展示出企业的良好外部形象

2. 保证高质量的服务水平和内容，为客户提供优质的服务

3. 起到桥梁的作用，做好客户与公司之间良好沟通和互动

图 5-6

不同的行业及企业对客服有不同的岗位要求，下面我们来看看实际的客服岗位通常有哪些岗位职责。

| 范例解析 | 对比多个客服岗位职责

如下所示为3家企业对客服人员的岗位职责要求。

A客服岗位职责：

1.负责客户网络在线浅层咨询与答疑，针对客户咨询需求，提供有效解决方案。

2.在线获取客户需求与客户基本信息并记录客户需求。

3.通过咨询与方案提供，提升服务质量，提升客户对公司整体信誉度。

4.负责首次咨询客户资源的分配，及时准确分配至销售顾问跟进，同时反馈客户需求。

5.负责销售顾问跟进回访效果的监控并随时提醒跟进。

B客服岗位职责：

1.完善公司客户资料，有CRM系统客户资源者优先。

2.定期回访客户，通过由浅入深的与客户沟通，了解、分析客户需求及进行业务对接。

3.接待客户咨询及投诉，专业化解答、处理客户问题，将客户反馈信息及时上报领导。

4.受理和引导客户产品订购需求，辅助客户完成在线下单、付款，并完成后续跟进与执行。

5.与重点客户进行深入的外汇行情走势和投资交易沟通交流，满足客户专业化需求。

C客服岗位职责：

1.负责客户的网络在线咨询及服务热线的接听，将客户的相关信息录入系统。

2.负责引导客户在在线商城消费，处理订单、跟踪发货和到货回访。

3.在原有与客户沟通的语言技巧基础上，进一步整理、完善、规范相应的语言技巧。

4.收集客户对网站的建议和需求，并向网络推广部反馈建议，配合完善网站建设。

5.规范客服相关流程，提升客户满意度。

6.领导安排的其他工作。

从这3个客服职责要求我们可以看到，根据企业行业的性质不同，企业对客服人员的服务内容、服务水平和服务质量要求也不同，但无一例外都是以客户为工作中心。

另外，根据上述案例中的客服岗位职责表述发现，客服人员的工作看起来比较杂乱，主要是一些沟通对接类的工作。因此从客服人员的工作特点出发，客服人员的考核可以从以下两个方面入手，具体如下所示。

（1）定量的考核指标

定量考核指的是可以直接为客服人员制定一些具体的指标任务，通过每月客服人员的指标完成情况来做绩效评定。定量考核的指标包括但不局限于以下所示内容。

- ◆ **咨询人数**：指在线客服在线接线客户数量。
- ◆ **答复消息数比**：指客户回复消息与客服回复消息比率。
- ◆ **答复率**：指是客服人员应答回复客户咨询比率。
- ◆ **客服平均响应时长**：指客服人员响应客户咨询时的平均时长。
- ◆ **客服差评率**：指客服不满意与接待客户的总数比。
- ◆ **客户意见反馈及时率**：指记录客户问题后反馈问题的及时程度。
- ◆ **投诉回访率**：指针对客户投诉的回访率。

（2）定性的考核指标

定性指标指难以具体量化，只能通过其他途径完成量化的评估指标。客服人员绩效考核的定性指标主要有以下一些。

- ◆ **客户满意率**：指客户对客服人员服务的满意程度。
- ◆ **客服服务规范与执行**：指对客服服务过程的服务规范进行考察。
- ◆ **客户信息完整性与准确性**：指对客服人员记录客户信息是否完整、准确的考察。
- ◆ **客户关系维护**：指对客服维护客户关系情况的考察。

当然，不同的企业，不同的行业，在客服人员考核指标确定方面肯定存在一定的差异。但是客服人员的考核指标通常从这两个方面来进行考虑。

5.3.2 做客户满意度调查了解客服服务质量

客户满意度调查对客服行业尤为重要，其调查结果常常与客服人员的薪酬水平直接相关，因此企业管理人员需要懂得如何进行客户满意调查，一方面了解客服人员的工作状况，另一方面也能够了解客户的需求情况。

根据行业的不同，客户满意度调查方式也不同。比较常见的有以下几种。

①电话满意度调查。这样的方式在呼叫中心比较常见，客服人员完成服务之后直接邀请客户对其服务质量进行打分，月末根据客户的评分情况来考核绩效水平。

②短信满意度调查。短信也是比较常见的一种满意度调查方式，客服人员完成服务之后，为客户发送满意度调查短信，由客户回复短信评分。

③网页满意度调查。客户在网页上做咨询，客服结束服务之后发出满意度评论窗口邀请客户评分。

④问卷式满意度调查。问卷式满意度调查相较于其他方式而言得到的信息更多，也更准确，更能知道客服服务的质量。其他的调查方式只能大概了解客户的满意情况，但问卷式满意度调查却能知道客户满意的是什么，不满意的又是什么，从而做出改进。因此，问卷式调查也是大部分企业比较常用的一种方式。但是因为问卷式通常需要花费客户 1～3 分钟的时间，所以容易引起客户的反感。

| 范例解析 |　某公司客户服务满意度调查表

非常感谢您对我司给予的大力支持，为了完善我们的服务质量，提高客户满意度，烦请填写此调查表，我们将在日后的服务中进行改进。感谢您的帮助！

1.您对客服人员提供的服务总体满意度如何？

非常满意（　）　满意（　）　一般（　）　不满意（　）

2.您对客服人员的服务态度评价如何？

非常满意（　）　满意（　）　一般（　）　不满意（　）

3.您对客服人员的专业知识水平评价如何？

非常满意（　）　满意（　）　一般（　）　不满意（　）

4.您对客服人员的沟通表达能力评价如何？

非常满意（　）　满意（　）　一般（　）　不满意（　）

5.您对客服人员的响应速度评价如何？

非常满意（　）　满意（　）　一般（　）　不满意（　）

6.您对客服人员问题处理的质量评价如何？

非常满意（　）　满意（　）　一般（　）　不满意（　）

7.您对客服人员处理问题的及时率评价如何？

非常满意（　）　满意（　）　一般（　）　不满意（　）

8.您对服务团队是否还有其他意见？

从上例可以看到，问卷满意度调查内容相对而言更加丰富，结果也更准确，更具指导性。但是公司在做实际的满意度调查时还是要根据具体的情况选择调查方式。如果是3分钟以内的短时咨询，大部分客户都不愿意做这种花费时间的问卷调查，但如果是5～8分钟的咨询服务，通常客户会愿意做问卷调查。

5.3.3　客服人员的薪酬设计

客服人员的薪资通常有3类，即固定薪酬模式、高底薪低绩效模式和低底薪高绩效模式。其中，固定薪酬模式为最不可取的薪酬模式，因为客服本身就是一个需要耐心和热情的工作，而固定的薪酬模式会打消客服人员的工作热情，对公司而言只有坏处而无益处。

高底薪低绩效的薪酬模式与固定薪酬模式本质上相差不大，难以对客服人员起到激励作用。想要客服人员充满干劲投入工作，低底薪高绩效的方式才是最可取的薪酬方案。

但是低底薪高绩效并不是像销售岗位一样，底薪水平为基本生活保障。客服工作与销售工作不同，其销售性质较淡，有的客服岗位甚至没有销售业务，因此难以通过高业绩提成比例来激励员工。这里的低底薪高绩效是相对而言的高低比例，对客服岗位薪酬设计来说，固定的基本工资占总工资40% ~ 65%，绩效考核工资占总工资50% ~ 25%，其余10%为各种职务补贴，这样比例安排比较合适。

下面我们依次来看工资构成的相关介绍。

（1）基本工资

基本工资指的是客服的岗位工资，主要是根据岗位职责和工作特点来确定。为了能够对员工起到激励作用，通常企业会对客服岗位做层级设置，不同的层级基本工资水平不同。

例如初级客服→中级客服→高级客服→资深客服，客服层级的晋升往往需要结合工作态度、业务能力、专业知识及团队意识等方面来对客服人员能力进行考核，考核通过的客服人员可以完成层级提升。另外，大部分企业客服人员的每个层级基本工资差在300 ~ 500元。

（2）绩效考核工资

绩效工资主要是根据客服人员当月工作的业绩情况来发放的工资，对于客服人员来说主要是从接待客户数量和完成上级领导安排的任务情况来体现。但在实际的绩效工资核算中，不同行业客服绩效工资计算还是存在较大的差异，所以需要结合行业自身的实际情况来确定。

（3）职务补贴性工资

职务补贴性工资实际上是为了体现公司人性化管理而发放给员工的一些福利补贴，常见的有餐补、话费补、房补及奖金等。补贴性工资属于附加性工资，项目的设置与额度多少都视公司的具体情况而定，没有具体的规定和要求。

除了上述工资项目之外，客服人员的工资结构中通常还会涉及一项"惩罚罚金"设置，因为客服人员作为一线员工直接与客户联系，代表的是公司的形象，所以要求客服人员在与客户沟通过程中规范自己的言行，如果出现违规行为就会涉及罚款。比较常见的是客户投诉，一般客服部门都会针对客户投诉设置专门的罚款机制，以此对客服人员起到警示作用。

5.3.4　某公司客服部门的薪酬结构分析

某呼叫中心的客服部门的客服岗位层级结构如图 5-7 所示。

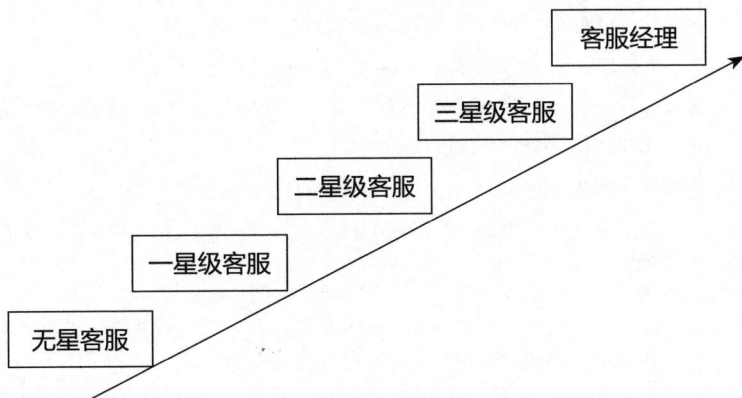

图 5-7

客服部门的薪酬由基本工资、绩效工资和福利补助组成，具体如下所示。

客服员工工资=基本工资+绩效工资+全勤奖+餐补+激励奖金

（1）基本工资

不同层级的客服人员岗位职责基本相同，基本工资的差异来自岗位职责的完成情况。表现越好的员工，其星级越高；表现越差的员工，其星级自然也就越低。表现情况的好坏以月度绩效考核来评断。

客服员工与客服经理的岗位职责如表 5-18 和表 5-19 所示。

表 5-18 客服员工岗位职责

岗位名称：客服员工	
直属上级：客服经理	
直接下级：无	
岗位职责	1. 提供呼叫中心热线支持服务（电话／网络）。 2. 会员咨询并安排跟踪服务。 3. 会员档案的录入和整理。 4. 接听客户来电，处理客户咨询及投诉。 5. 发现来电客户的需求及意见，解决客户的问题。 6. 维护客户关系，保证客户满意度，树立公司的良好形象。 7. 负责接听热线电话，对用户咨询的相关问题进行解答。 8. 处理客户关于产品投诉及售后服务方面的问题。 9. 通过电话维护、巩固客户关系，为客户提供最具针对性的解决方案。 10. 对相关信息进行录单和存档。 11. 接听顾客来电，做好客户咨询的信息反馈。 12. 及时与客户沟通，做好业务处理及投诉处理，维护客户关系，提高客户的满意度
任职资格	1. 至少 1～2 年以上工作经验，大专以上学历。有客服经验、或 1～2 年的呼叫中心服务行业经验，或呼叫中心质量岗经验可优先考虑。 2. 客户敏感度高，有极强的责任心和服务意识。具备良好的学习能力、沟通表达及归纳总结能力。 3. 具备基本的问题处理及分析能力，擅长发现问题、挖掘问题

表 5-19 客服经理岗位职责

岗位名称：客服经理

直属上级：总经理

直接下级：客服部员工

岗位职责	1. 负责客服部门的呼叫业务正常运行，保证实现既定目标。
	2. 完成客服部门的各项考核任务，提出并实施改进建议。
	3. 对客服人员的服务质量进行监控和管理。
	4. 根据公司总体战略制定客服部门运营计划，并上报领导审批。
	5. 负责与相关部门协调，完善客服员工的服务流程与规范
任职资格	1. 本科以上学历，管理专业优先。
	2. 具有 3 年以上相关工作经验，并取得一定的成绩。
	3. 具有良好的客户服务意识和大局思维。
	4. 做事积极主动，认真负责，计划性强。
	5. 较强的应变能力、协调能力，能独立处理紧急问题。
	6. 普通话标准，口齿清楚，声音甜美，优秀的语言表达和沟通能力

为了提高客服人员的工作积极性，针对岗位职责内容，公司制定了岗位层级考核，不同层级的客服员工可得到不同水平的薪资（客服经理的工资结构结算与客服人员不同，以管理层工资方式结算）。

员工的月度考核主要关系 3 个方面的内容，具体如表 5-20 所示。

表 5-20 月度考核结果分布情况

岗位层级	考核得分	底薪	基准单价	结果系数
三星客服	85 ≤得分< 100	2 400 元	0.35 元	1.4
二星客服	70 ≤得分< 85	2 100 元	0.35 元	1.2
一星客服	60 ≤得分< 70	1 800 元	0.35 元	1
无星客服	得分< 60	1 500 元	无	无

考核得分 = 产量指标 ×45%+ 质量指标 ×40%+ 能力提升 ×15%

客服人员具体的考核内容如表 5-21 所示。

表 5-21　客服人员考核细则

考核项目	考核占比		考核内容	备注
效率	在线日均服务量	25%	全月在线客服服务量成绩进行线性计分原则：接单量大于 300 计满分；接单量 300 ～ 250 取线性计分；低于 250 计 0 分	可视情况调整
	平均处理时长	25%	平均处理时长 = 业务处理时长之和 ÷ 业务总量 ×100%，成绩进行线性计分原则，当月平均处理时长大于 90% 得满分；85% ～ 90% 取线性计分；低于 85% 则计 0 分	
质量	服务合格率	10%	服务合格率 = 抽查合格服务数量 ÷ 抽查总数量 ×100%，成绩进行线性计分原则，当月服务合格率大于 90% 得满分；85% ～ 90% 取线性计分；低于 85% 则计 0 分	可视情况调整
	工单合格率	10%	工单合格率 = 抽查工单的合格数 ÷ 抽查工单总数量 ×100%，成绩进行线性计分原则，当月服务合格率大于 90% 得满分；85% ～ 90% 取线性计分；低于 85% 则计 0 分	可视情况调整
	问题一次解决率	10%	一次解决率指客服人员解决问题的效率，成绩进行线性计分原则，当月服务合格率大于 90% 得满分；85% ～ 90% 取线性计分；低于 85% 则计 0 分	
	客户满意率	10%	客户满意率指客户回复满意与未回复的对话框数量之和与系统发出的满意度调查对话框总数量的比率。成绩进行线性计分原则，当月服务合格率大于 90% 得满分；85% ～ 90% 取线性计分；低于 85% 则计 0 分	

考核项目	考核占比		考核内容	备注
其他	岗位技能考核	5%	业务考核：根据每月下旬进行的业务考核成绩进行线性计分，总分为10分，得分＝成绩×10%	
	组长评定成绩	5%	组长根据小组员工全月保险来进行成绩评定，分为优秀、良好、一般和较差	

（2）绩效工资

客服人员的绩效工资即指客服员工当月的劳动成果，与其工作成绩直接相关，如果当月客服员工承接工单量多则绩效考核高，工资随之增加。客服人员的绩效工资计算如下所示，无星客服属于非正式员工无绩效工资。

客服人员绩效工资=每月接单量×定价×考核结果系数

客服人员的绩效核算标准如表5-22所示。

表5-22　客服人员的绩效核算

岗位	保底订单量	基准定价	超出部分定价	备注
三星客服	7 800	0.35元	0.49元	无特殊情况当月接单量无法达到基本要求的，按照没有达到的个数以0.18元每个的价格进行扣减绩效工资。接单量超出保底量时，超出部分以实际系数计算
二星客服	6 500	0.35元	0.42元	
一星客服	5 720	0.35元	0.35元	

（3）其他补助性工资

其他补助性工资包括全勤奖、餐补和激励奖金，具体计算方式如下所示。

◆ 全勤奖

全勤奖指当月考勤为全勤的员工即可获得300元／月的全勤奖，但如果员工出现请假则按照相应比例进行基本工资的扣发，具体核算如下。

请假扣款＝基本工资总额−[基本工资总额÷应勤天数（工时）×请假的天数（工时）]

注：每月出勤天数以26天进行计算，工时208小时，特殊时间除外，例如2月。

◆ 餐补

根据行业性质的不同，客服人员上班为轮班制度，分为早班、中班和晚班。早班和中班餐补为10元／天，晚班餐补为15元／天。每月的餐补额度以员工当月上班情况实际计算。

◆ 激励奖金

激励奖金是为了鼓励客服人员积极工作而设置的奖励项目，同时为了从多方面提高员工的工作热情，激励奖设置了多个方面，具体如下所示。

①最佳服务奖。最佳服务奖励指每月客服人员的客户满意度达到100%时可获得100元现金奖。

②接单量最多奖。接单量最多奖指每月客服人员中接单量最多的人可获得100元现金奖励。

③处理时长效率奖。处理时长效率奖指客服人员中处理工单效率最高的人可获得100元现金奖励。

④服务连续达标奖。服务连续达标指以3个月为期限，连续3个月服务质量达标的客服人员即可获得300元的现金奖励。

（4）罚款项目

除了奖励项目之外，为了让客服人员谨慎对待工作，公司还设置了罚款项目。罚款项目主要是从员工工作态度和员工失误来进行惩罚，具体如下。

①由于客服人员无回复或服务态度引发客户不满情绪导致投诉的，罚款5元。

②由于个人工作失误及交接不清导致客户产生不满情绪最终恶意评价的，罚款20元。

③由于客服服务态度问题造成客户投诉并成立的，罚款50元。

需要注意的是，惩罚措施始终是消极的管理手段，如果使用过度可能会引起员工的反感和不适，难以真正起到激励和管理员工的目的。

总体来看，客服人员的薪酬结构主要由岗位工资和绩效工资组成，然后加以适当的奖励。在实际的客服人员工资设计中，最让人觉得困难的是岗位层级的设计、考核制度的设置及绩效考核的内容选择。广大的企业薪酬设计者可以参考案例中的薪酬结构设计方式加以运用。

5.4
制造业生产人员的薪酬设计法

我国是一个生产制造业大国，国内有许多大大小小的生产制造企业，为了能够提高生产员工的工作绩效，提高生产员工的工作效率，企业有必要设计出科学稳定的薪酬模式，进而稳定和保障企业的生产团队，为企业的发展提供人才保障。

5.4.1　制造业生产员的岗位特点

制造业是一个大的概述，实质是指机械工业时代利用某种资源（物料、能源、设备、工具、资金、技术、信息和人力等），按照市场要求，通过制造过程，转化为可供人们使用和利用的大型工具、工业品与生活消费产品的行业。

制造业根据产品生产过程的特点可以将其分为分散制造和流程制造。分散制造指生产员从事不同的岗位分别同时制造产品的零件，最后进行组装合成，例如电子元器件制造、汽车制造和机械加工等；流程制造则是指生产员站在生产流水线上负责各自的工作任务，生产员通过管道进行各个工序之间的有序传递，传递完成则产品生产完毕，例如食品、化工和饮料等行业。

分散制造和流程制造下的生产岗位具有不同的特点，下面我们分别来认识一下。

（1）分散制造下的生产岗位特点

分散制造主要分别从事单件零件生产，特点如下所示。

①分散制造企业的生产周期较长，产品结构复杂，且零部件种类繁多，工艺路线和设备配置非常灵活，临时插单现象多。

②面向订单的分散制造业的生产设备布置不是按产品，通常是按照工艺进行布置的。

③所用的原材料和外购件具有确定的规格，产品结构可以用树的概念进行描述，最终产品是由固定个数的零件或部件组成，形成非常明确和固定的数量关系。

④产品的质量和生产率很大程度依赖于工人的技术水平，自动化主要在单元级，例如数控机床、柔性制造系统等。

⑤通过加工或装配过程实现产品增值，整个过程不同阶段产生若干独立完整的部件、组件和产品。

⑥因产品的种类变化多，非标产品较多，要求设备和操作人员必须有足够灵活的适应能力。

⑦通常情况下，由于生产过程可分离，订单的响应周期较长，辅助时间较多。

（2）流程制造下的生产岗位特点

①设备产能固定，计划的制定相对简单，常以日产量的方式下达，计划也相对稳定。

②工艺固定，按工艺路线安排工作中心。工作中心是专门生产有限的相似的产品，工具和设备为专门的产品而设计，专业化特色较显著。

③生产过程的关键控制点是物料的数量、质量和工艺参数。人员技术水平的影响不大，生产过程的控制自动化程度较高，因为工作流程是自动的，生产管理的复杂程度相对较低，但对设备管理维护的要求较高。

④生产过程中常常出现联产品、副产品和等级品。

⑤物料从一个工作地到另一个工作地的转移主要使用机器传动，有少量在制品库存。

但无论是分散制造企业，还是流程制造企业，其生产员通常都具有以下特点。

◆ 员工数量多，生产岗位数量多。

◆ 员工整体素质水平偏低。

◆ 员工工作以订单为驱动，订单多时员工可能出现加工生产情况，工资相应增加。订单减少时，员工生产量降低，工资相应减少。

◆ 员工之间协作性强，一件完整的商品需要各个员工按照职责内容承担相应的职责，完成分内的工作。

◆ 生产员的工作，体力劳动居多，重复性强。

5.4.2 制造业生产员的薪酬模式解析

根据上文制造企业分为分散制造企业和流程制造企业，在这样的模式下，生产企业的生产员衍生出了两种薪酬模式，即计件工资制和计时工资制。

（1）计件工资制

计件工资制指按照员工生产的合格品的数量和预先规定的计件单价，来计算报酬，而不是直接用劳动时间来计量的一种工资制度。但是不是所有的生产企业都适用计件工资制，计件工资制需要满足以下条件，如图 5-8 所示。

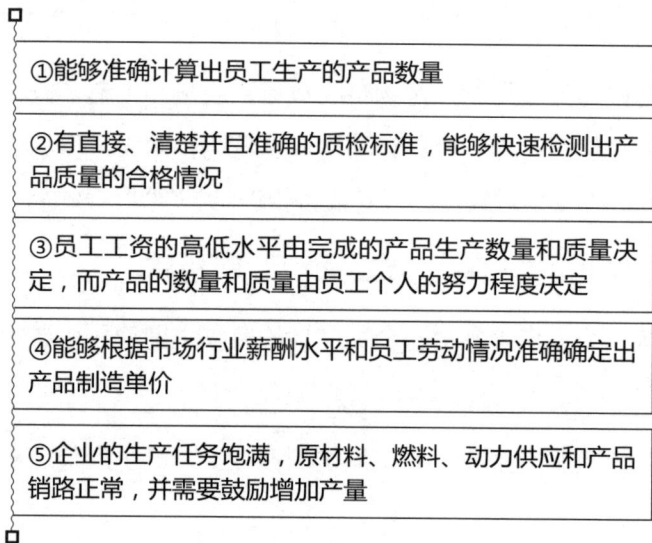

①能够准确计算出员工生产的产品数量

②有直接、清楚并且准确的质检标准，能够快速检测出产品质量的合格情况

③员工工资的高低水平由完成的产品生产数量和质量决定，而产品的数量和质量由员工个人的努力程度决定

④能够根据市场行业薪酬水平和员工劳动情况准确确定出产品制造单价

⑤企业的生产任务饱满，原材料、燃料、动力供应和产品销路正常，并需要鼓励增加产量

图 5-8

计件工资制的运用范围比较广泛，为了适应更多的制造生产型企业，计件工资制衍生出了多种薪酬计算模式，具体如下所示。

◆ **无限计件工资制：**指不限制生产员具体的产品生产制造数量，薪酬按照统一的计件单价来计算。计算公式：实得工资 = 完成的合格产品数量 × 计件单价。

◆ **超额有限计件工资制**：指对实行计件工资的工人规定超额工资不得超过本人工资标准的一定比例或金额的限制。超过限额不再计酬，有时也采用计件单价累退办法，超额越高，计件单价越低。计算公式：最高计件工资额 = 定额产量 × 计件超额最高限额百分比 × 计件单价或最高计件工资额 = 月工资标准 × 计件超额最高限额百分比。

◆ **累进计件工资制**：在完成合格产品的前提条件下，定额以内的部分按正常计件单价计算工资，超额部分按照一种或几种在原计件单价基础上递增的计件单价计算工资（前面介绍的客服工资计算案例中出现过累进计件工资制，客服人员的绩效核算中超出定额部分定价增加）。计算公式：实得工资 =（定额内部分 × 一般计件单价）+ ∑（超定额部分 × 累进计件单价）。

◆ **分段计件工资制**：员工完成劳动定额发给月计时标准工资；超额完成定额部分按规定的计件单价发给计件超额工资；没完成定额的适当减发月计日标准工资。计算公式：实得工资 = 定额内应得标准工资 + 超额部分应得计件工资，超额部分应得计件工资 = 超定额产量 × 计件单价。

◆ **集体计件工资制**：以整个企业或车间为单位，以最终产品或最终产品销量计数的计件工资形式。首先核算产品计件单价（即单位产品工资含量），然后按照产品数量和计件单价计算工资。计算公式：实得计件工资 = 计件单价 × 最终产品数量。

◆ **浮动单价计件工资制**：指工人的计件单价根据企业承包的经济效益指标完成情况而浮动的一种计件工资形式。企业承包的经济效益指标完成得越好，计件单价越高，得到的工资就越多；反之，计件单价要降低。计算公式：实得计件工资 = 计件单价（浮动）× 产品数量。

由上可知，计件工资制类型较多，不同类型的工资制具有不同的特点。

由于企业所在行业不同，规模也存在较大差异，所以企业具体的薪酬模式选择还需要根据企业的实际情况来确定。

（2）计时工资制

从概念上来看，计时工资制是根据劳动者的实际劳动时间、工资等级及工资标准检验和支付劳动报酬的工资形式。实际上就是综合员工的技术熟练程度、工作内容的繁重程度及工作时间的长短情况来支付的工资，工资的数额由员工工资标准和时间来决定。具体表现为日工资、周工资、月工资和年薪。

因为各种各样的劳动都可以用时间来计量，所以计时工资的适应性强，实行范围广泛，任何部门、任何单位和各类工种、岗位均可采用。计时工资制的优势如下所示。

①计时工资制的工资由员工本人具有的能力水平或岗位所需技能水平决定。

②计时工资制强调员工本人的技术业务水准，因此，有利于员工努力学习专业知识，提高自己的业务水平和技术熟练程度，从而提高劳动工作质量。

③计时工资制的内容和形式简便，稳定性较强，便于企业计算和管理。

④计时工资制对员工来说保障性较高。

但是，也并不意味着所有的企业都适用于计时工资制，企业推行计时工资制也需要满足一定的条件，具体如下。

①企业需要制定明确的技术、业务标准和相应的工资标准。

②企业需要建立严格的技术、业务考核制度和晋升制度。

③企业需要明确合理的劳动定额和岗位责任制，并对员工在一定时间应完成的工作规定数量和质量要求。

④计时工资制应与奖金制度配套实施，奖金作为一种补充的分配形式。

计件工资制与计时工资制凭借着不同的优势和实用性在不同类型的制造、生产企业中被广泛运用，各自发挥着不可替代的作用。

5.4.3　某公司生产制造部门薪酬方案分析

为了进一步调动生产员工作的积极性，提高企业的生产效率，企业针对生产制造部门的所有生产员工提出工资调整。

调整后的薪酬结构如下。

员工工资=岗位工资+考勤工资+计件工资+加班工资+年功工资

◆　岗位工资

岗位工资是企业以各个岗位的劳动强度、职责内容和工作技能作为评估标准值，将生产员的技术等级从低到高分为初级生产员、中级生产员和高级生产员3个等级，每个等级又分成了A、B、C这3个职级，不同层级的岗位对应不同的岗位工资，具体如表5-23所示。

表5-23　岗位工资标准

岗位等级		岗位工资	每级晋升时间间隔
技术等级	职务等级		
初级生产员	A	1 400 元	3 个月
	B	1 200 元	
	C	1 000 元	
中级生产员	A	2 000 元	6 个月
	B	1 800 元	
	C	1 600 元	

续上表

岗位等级		岗位工资	每级晋升时间间隔
技术等级	职务等级		
高级生产员	A	2 800 元	1 年
	B	2 600 元	
	C	2 400 元	

其中，生产员技能评定的标准如下所示。

初级生产员：

①能够熟练使用生产车间的各种工具设备。

②能够独立完成负责的生产事项。

③根据指导书能够独立完成产品的组装和测试。

④了解公司各种仪器设备的操作方法。

最后根据测试结果将初级生产员划分为 A、B、C 三个层级。

中级生产员：

在满足初级生产员的基础之上，还需要满足下列要求。

①能够独立识别和领取相关产品的原材料。

②熟悉各类产品的生产工艺流程，对组装过程中出现的一般性问题能够独立解决。

③独立完成各类工具的组装和使用。

④熟练掌握公司各类仪器设备的操作方法。

⑤熟练使用办公软件的基本功能。

最后根据测试结果将中级生产员划分为 A、B、C 三个层级。

高级生产员：

在满足中级生产员的基础之上，还需要满足下列要求。

①能够独立完成各类工具的组装和使用。

②理解公司各类仪器设备的工作原理，出现问题时也能及时找到原因。

③能够看懂电路原理图及电路板的布线情况。

④对于生产过程中出现的各种问题能够独立解决。

最后根据测试结果将高级生产员划分为 A、B、C 三个层级。

◆　考勤工资

考勤工资是以员工每月出勤情况发放的出勤工资，以月度为计发周期。当员工全勤时奖励 200 元／月，迟到一次罚款 10 元，请假则扣除当日工资，病假例外。

◆　计件工资

计件工资由生产员的当月生产产量来计算具体的工资，计算方式如下。

计件工资=$\sum$（员工本月生产产品数量×产品计件单价）

◆　加班工资

加班工资指在正常时间内完成不了，但又必须在规定时间内完成的工作，或者是临时布置的紧急生产任务对应的工资。加班工资的计算方式如下。

加班工资=计件工资×300%

◆　年功工资

年功工资即根据员工为公司服务年限不同而发放的福利，年功工资的核算标准为 50 元／月，即员工为公司服务满一年即可享受 50 元／月的年功工资，之后年功每增加一年，年功工资增加 10 元／月，500 元封顶。

该案例中的生产部门生产员工资结构融合计时工资和计件工资两个部

分，岗位工资即计时工资制。这样的融合使用能够让计时工资制和计件工资制弥补制度本身存在的缺陷。

首先，因为计时工资只能反映员工的技术熟练程度、劳动繁重程度和劳动时间长短的差别，但不能全面反映同等级员工在同一工作时间内劳动量和劳动成果的差别，在一定程度上造成平均主义，会消磨员工工作的热情。但加入计件工资制则可以提高员工的工作热情，形成你追我赶的工作氛围。

其次，在单一的计件工资制度下员工容易形成只讲数量，不讲质量的风气，对产品质量要求容易产生对抗情绪。但加入计时工资制度，将工作质量加入岗位登记考核范围，会提醒和督促员工重视生产质量。

最后，计时工资制与计件工资制通过"固定工资 + 浮动工资"的组合形式，让生产员的工资结构更科学合理，对员工的激励作用也更明显。

第六章

考勤工资:
考勤管理中的细节处理

考勤工资虽然在员工的薪酬结构中占比不大，但几乎所有的企业都会设置考勤工资，一方面是对员工全勤的激励，另一方面也是对员工工作态度的考察。可见，考勤工资在企业员工薪酬管理中占据了重要位置。

考勤中相关制度规则的制定

　　考勤看起来似乎只是对员工们出勤情况的简单考察，实际上包含的内容十分广泛。因为考勤与员工们的工资直接相关，因此管理人员需要提前明确好考勤制度中的相关规则，才能规避掉后续考勤管理中的一些不必要的矛盾。下面来看一个具体的公司考勤制度。

| 范例解析 |　某公司考勤管理制度

某公司考勤管理制度

一、考勤管理

　　第一条 为了加强公司考勤管理，督促员工养成自觉遵守纪律的好习惯，保证各项工作的正常开展，特制定本考勤制度。

　　第二条 本制度适用于公司全体员工。

　　第三条 公司员工除下列人员外，均应按规定上下班时间签到（打卡）。

　　1.因公出差人员。

　　2.因故请假人员。

　　3.临时事务，事后以文字形式说明事由，经主管签字核准，将书面文件交予行政部存档、备查（注：必须当天或次日补上书面说明）。

　　第四条 员工上下班时间为：9:30～12:00，14:00～17:00。

　　第五条 公司员工一律实行上下班打卡、登记制度，考勤截止日期为每月底；每日出勤规定打卡两次，正常打卡时间要求为9:00上班前和17:00下班后。

　　第六条 所有员工上下班均须亲自刷卡登记，任何人不得代替他人或由他人代替打卡。如有违反，代打卡人和被代打卡人均给予罚款100元，如再次违反则予以违纪处罚并罚款200元，第三次出现此违纪行为公司将考虑给予开除处理。

第七条 上班未打卡者必须要有真实合理的解释并在未打卡登记表上登记，由直接主管签字核实。

忘打卡者：将从当月的工资中扣除罚金10元/次；若因工作关系忘打卡，需直接主管签字的书面证明，当天没有签字确认（后补的）需提供当天的工作证明及上级领导签字确认的说明单，否则均按缺勤处理。

打卡机没有识别的员工：须及时在未打卡登记表上登记，并找本部门上级领导或者其他人证明。在未打卡登记单上签字确认后，方可不做扣罚处理；若当时没有签字确认（后补的）也将扣除罚金10元/次，并需提供当天的工作证明。

第八条 外出办理各项业务的员工必须填写外出登记单后，经直接主管签字核实后上报行政部，方能离开。不办理者，均按缺勤处理，如有特殊情况需经上级领导签字确认后方可生效，并报行政部备查。

第九条 有统计人员伪造、涂改现象者当日一律按旷工处理。

第十条 员工出勤情况每月底由行政部统计并交财务部一份，作为核发工资和绩效考核的依据。

第十一条 全年出勤率累计低于97%或事假超期者，不予考虑当年调资。

第十二条 员工旷工半天扣发当日工资，旷工一天扣发两日工资，连续旷工3天或全年累计旷工7天者应予解除劳动合同。

二、请休假管理制度

员工请、休假，没有如实反映情况，虚构请假理由，开虚假医疗诊断证明，有弄虚作假等行为，一经发现，予以辞退并解除劳动合同。

第一条 请假程序

（1）员工休假需事先经过部门负责人批准，并到行政部办理相关手续，休假结束后应立即到行政部办理销假手续。

（2）请假人必须将工作交接清楚方可休假。

（3）请假人向逐级领导提交书面的《请假单》，经审批后交由行政部门存档备案。

第二条 请假要求与相应的规定

（1）员工请假无论时间长短及假类形式，都需要事先提交请假申请，否则按照旷工处理，急诊病假及突发事件除外。急诊病假或突发性事假必须在10点之前由本人或家人电话向部门负责人请假，事后补办请假手续。每年累计病假不得超12天；事假每月累计请假不得超过3天，每年累计请假不得超过12天；超过者公司予以劝退。

（2）员工假满后应及时至行政部销假，确有突发事件导致假满仍不能及时上班者须及时通知批准人，可按事假处理。逾期不归又无报告者按旷工处理。

第三条 病假

（1）员工因病请假属病假。病假应及时告之本部门负责人。凡请病假者必出具病假证明，无病假证明者按事假处理。

（2）病事假扣罚标准如下：

1~3天扣除当日标准工资20%，绩效保底、补助全部扣除（住房、社保除外）。

4~7天扣除当日标准工资50%，绩效保底、补助全部扣除（住房、社保除外）。

7天（不含7天）以上扣除当日工资，绩效、补助全部扣除（住房、社保除外）。

（3）未按以上规定请假者，均以旷工处理。

第四条 事假

（1）员工因私请假属事假，应依据批假权限及请假时间进行请假和审批。

（2）若遇突发事件，不能履行请假手续，应及时通过电话请假并获批准，事假以小时为申请单位，不足一小时的按一小时计算。

（3）月累计事假3天以内，扣除请假天数乘以日工资，月累计事假超过3天未按以上规定请假者，均以旷工处理。

通过上述案例我们可以看到，在一份完整的考勤管理中主要包含了员工考勤操作规范、员工请休假制度、员工迟到或早退相关规定及员工旷工的处罚相关规定。

6.1.1　员工考勤操作规范

随着科技的日新月异，考勤工具也逐渐向科技化发展，除了传统的考勤表打卡之外，指纹打卡、人脸识别及在线网络点到等多种形式层出不穷。但是，不管是何种形式的考勤打卡都需要在考勤管理中对员工的考勤做出明确的规范要求。

一份完整的考勤打卡规定应该包含员工考勤中可能出现的各种情况，主要包括以下5点，如下所示。

- **考勤打卡的适用人员范围**：考勤的适用范围通常为考勤制度的首要条件。如上述案例所示，考勤打卡的范围适用于公司全体员工。
- **考勤打卡的时间规定**：在考勤规范管理中应明确考勤打卡的时间，每个企业所在行业不同，员工上下班的时间也存在差异，所以企业应该明确规定各个员工的考勤打卡时间。如上述案例所示，公司员工一律实行上下班打卡、登记制度，当月考勤截止日期为每月底；每日出勤规定打卡两次，正常打卡时间要求为9:00上班前和17:00下班后。
- **违规考勤的行为和处罚**：在考勤制度中应明确违规考勤的行为和相关处罚措施，才能对员工起到警示作用。违规考勤行为通常为案例所示的由他人替打卡现象。

◆ **未及时考勤打卡的补偿措施**：员工还有可能出现正常上下班，但却没能及时打卡的情况，管理者需要针对这些可能出现的情况提前做出规范和指示。

◆ **员工外出工作打卡规定**：针对企业中外出不能按时考勤的业务员工需要做出特别说明，如上述案例考勤管理中的第八条所示。

6.1.2 员工请休假制度

员工请休假制度是员工考勤管理中的重点内容，除了正常的上下班之外，员工还可能因为生病、急事或要事而需要请休假的情况。但是无论是哪种事由的请休假员工都需要经过正规的请休假程序。

因此，管理者需要在考勤管理中明确员工的请休假流程、请休假时长规定及请休假扣款规定。

◆ 请休假流程

请休假流程指员工请休假需要办理的手续，以及需要填写并提交的请休假申请。

◆ 请休假的时长规定

对不同的请休假需要做出不同的时长规定，即病假、事假、婚假及产假等，因为不同的时长对应了员工不同的扣款和补贴款。一般来说，员工事假会有一定的扣款，病假会视情况有所减少，而产假、婚假等国家法定休假会有薪酬补助。

企业在制定请休假时长时，首先要考虑国家相关的法律规定，其次再考虑企业的实际情况，这样才能够保证请休假制度的合法性。国家法定的假期如表 6-1 所示。

表 6-1 国家法定假期

项目	内容
节假日	春节 3 天，元旦 1 天，五一国际劳动节 1 天，清明节、端午节各 1 天，国庆节 3 天，中秋节 1 天
带薪年休假	按照职工带薪年休假条例的规定，机关、团体、企业、事业单位、民办非企业单位及有雇工的个体工商户等单位的职工连续工作 1 年以上的，享受带薪年休假（以下简称年休假）。单位应当保证职工享受年休假，职工在年休假期间享受与正常工作期间相同的工资收入。累计工作已满 1 年不满 10 年的，年休假 5 天；已满 10 年不满 20 年的，年休假 10 天；已满 20 年的，年休假 15 天。另外，确因工作需要不能安排休年休假的，经员工本人同意，可以不安排休年休假。对应休未休的年休假天数，公司按照该员工日工资收入的 300% 支付年休假工资报酬
婚丧假	职工本人结婚或职工的（父母、配偶和子女）死亡时，可以根据具体情况，由本单位行政领导批准，酌情给予一至三天的婚丧假；职工结婚时双方不在一地工作的，职工在外地的直系亲属死亡时需要职工本人去外地料理丧事的，都可以根据路程远近，另给予路程假；婚丧假和路程假期间，职工的工资照发
产假	根据《劳动法》及国务院发布的《女职工劳动保护规定》，用人单位的女职工均享有产假，假期为 90 天，产前休假 15 天。难产的，增加产假 15 天。多胞胎生育的，每多生育一个婴儿，增加产假 15 天。女职工怀孕流产的，所在单位应当根据医务部门的证明，给予一定时间的产假。女职工怀孕不满 4 个月流产时，给予 15 天至 30 天的产假；怀孕满 4 个月流产者，给予 42 天产假

知识延伸｜不能享受年休假的情形

需要注意的是并不是所有的员工都能够享受当年的年休假天数的，有下列情形之一的则不能享受。

①依法享受寒暑假，其休假天数多于年休假天数的。

②请事假累计 20 天以上且单位按照规定不扣工资的。

③累计工作满 1 年不满 10 年的员工，请病假累计 2 个月以上的。

④累计工作满 10 年不满 20 年的员工，请病假累计 3 个月以上的。

⑤累计工作满 20 年以上的员工，请病假累计 4 个月以上的。

◆ 请休假扣款规定

请休假扣款主要是针对事假和病假，企业需要对员工的事假和病假做出明确的扣款规定，避免员工请假过多，或频繁请假现象出现。需要注意的是，请假扣款规定应提前向员工进行公示，得到员工同意之后再推行，这样才能够避免日后在管理中出现一些不必要的矛盾和纠纷。

6.1.3 员工迟到、早退的相关规定

影响员工全勤的还有员工迟到、早退现象，管理者需要在考勤管理制度中对迟到、早退现象做出明确的定义和相对应的惩罚规定。迟到、早退管理对员工考勤非常重要，它不仅关系员工的全勤奖金，还体现出了企业员工的工作态度，如果一个企业中员工普遍存在迟到、早退现象，则说明企业中的员工存在懒散、消极怠工的情况。对此，管理者需要通过一定的手段来进行管理，比较常见的是罚款。

首先是对迟到、早退的认定，即什么情况下认定员工出现迟到、早退。通常正常上下班时间半小时以内的打卡可以认为是迟到或早退，如果超过半小时则认为是旷工半天。

另外，在扣罚款方面，通常以次数来进行罚款，但为了能够对员工起到警告作用，一般会在多次迟到之后加重罚款额度。例如，某公司规定员工一次迟到或早退罚款 10 元，之后再出现迟到或早退则 2 倍数递增，即第一次迟到罚款 10 元，第二次迟到罚款 20 元。

如果员工一个月迟到或早退次数过多时，还可能引发其他的惩罚事项，但是都需要提前在考勤管理中做出规定。例如上述案例中所示"全年出勤率累计低于 97% 或事假超期者，不予考虑当年调资"。

6.2
员工考勤要点全掌控

管理人员编制完员工的考勤管理制度之后，还需要注意员工的日常考勤管理。主要是指对员工考勤数据的记录、统计和核算等，考勤数据直接关系员工的全勤奖金，所以需要细致准确。

6.2.1　员工考勤数据的统计方法

对于管理人员来说，员工完成了当月考勤打卡之后并不意味着考勤的结束，作为管理人员还需要对员工的考勤数据进行汇总和统计，而这往往也是管理人员觉得头痛的一大问题。

实际上管理人员可以借助 Excel 自带的高级功能快速统计考勤数据，以便提高管理人员的工作效率。

下面以某公司的考勤数据为例进行介绍。

│范例解析│　某公司员工考勤数据统计

首先，我们通过考勤机连接服务器将员工的考勤数据导入到Excel中，导出的数据内容包括：员工所在部门、员工编号、员工姓名、考勤日期、员工上下班打卡时间。如图6-1所示。

A 编号	B 姓名	C 日期	D 上午	E 下午
1057	董晓丹	2020/3/2	7:17:16	17:02:10
1057	董晓丹	2020/3/3	7:52:16	17:27:47
1057	董晓丹	2020/3/4	7:55:48	18:06:18
1057	董晓丹	2020/3/5	8:13:08	17:45:12
1057	董晓丹	2020/3/6	8:14:16	17:32:18
1057	董晓丹	2020/3/9	8:16:14	17:45:14
1057	董晓丹	2020/3/10	8:16:18	17:45:18
1057	董晓丹	2020/3/11	8:16:47	17:44:51
1057	董晓丹	2020/3/12	8:17:52	17:24:15
1057	董晓丹	2020/3/13	8:17:56	16:41:01
1057	董晓丹	2020/3/16	8:24:15	17:04:26
1057	董晓丹	2020/3/17	8:45:12	17:41:26
1057	董晓丹	2020/3/18	8:45:13	18:40:04

图 6-1

接下来需要对初始考勤表中的数据进行迟到、早退和加班的计算。在表格右侧添加“迟到”“早退”和“加班”数列。公司上午上班时间为9:00，所以凡是9:00以后打卡的数据为迟到，在F2单元格中输入函数公式“=IF((D2-"9:00:00">0),1,0)”，按【Enter】键后，向下填充公式进行计算，如图6-2所示。

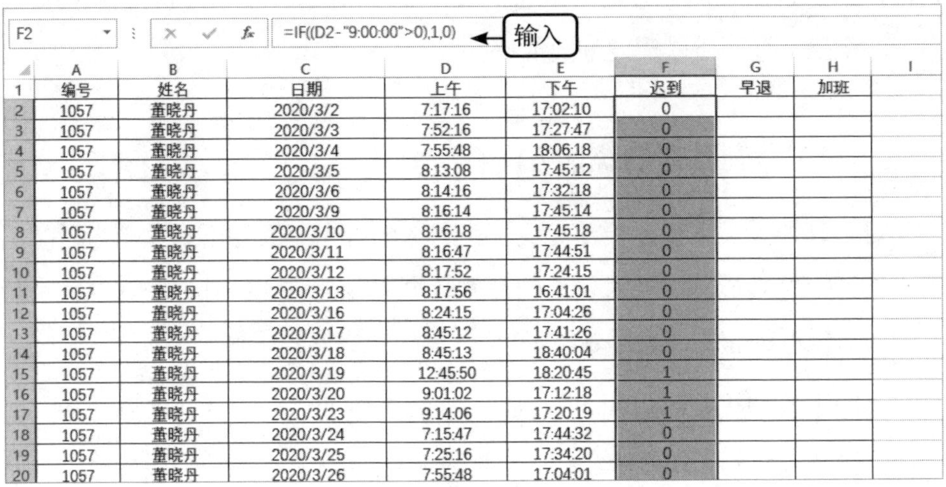

	A	B	C	D	E	F	G	H	I
1	编号	姓名	日期	上午	下午	迟到	早退	加班	
2	1057	董晓丹	2020/3/2	7:17:16	17:02:10	0			
3	1057	董晓丹	2020/3/3	7:52:16	17:27:47	0			
4	1057	董晓丹	2020/3/4	7:55:48	18:06:18	0			
5	1057	董晓丹	2020/3/5	8:13:08	17:45:12	0			
6	1057	董晓丹	2020/3/6	8:14:16	17:32:18	0			
7	1057	董晓丹	2020/3/9	8:16:14	17:45:14	0			
8	1057	董晓丹	2020/3/10	8:16:18	17:45:18	0			
9	1057	董晓丹	2020/3/11	8:16:47	17:44:51	0			
10	1057	董晓丹	2020/3/12	8:17:52	17:24:15	0			
11	1057	董晓丹	2020/3/13	8:17:56	16:41:01	0			
12	1057	董晓丹	2020/3/16	8:24:15	17:04:26	0			
13	1057	董晓丹	2020/3/17	8:45:12	17:41:26	0			
14	1057	董晓丹	2020/3/18	8:45:13	18:40:04	0			
15	1057	董晓丹	2020/3/19	12:45:50	18:20:45	1			
16	1057	董晓丹	2020/3/20	9:01:02	17:12:18	1			
17	1057	董晓丹	2020/3/23	9:14:06	17:20:19	1			
18	1057	董晓丹	2020/3/24	7:15:47	17:44:32	0			
19	1057	董晓丹	2020/3/25	7:25:16	17:34:20	0			
20	1057	董晓丹	2020/3/26	7:55:48	17:04:01	0			

图 6-2

选择“迟到”列中除表头外所有数据单元格，右击鼠标，在打开的菜单列表中选择“设置单元格格式”命令，如图6-3所示。

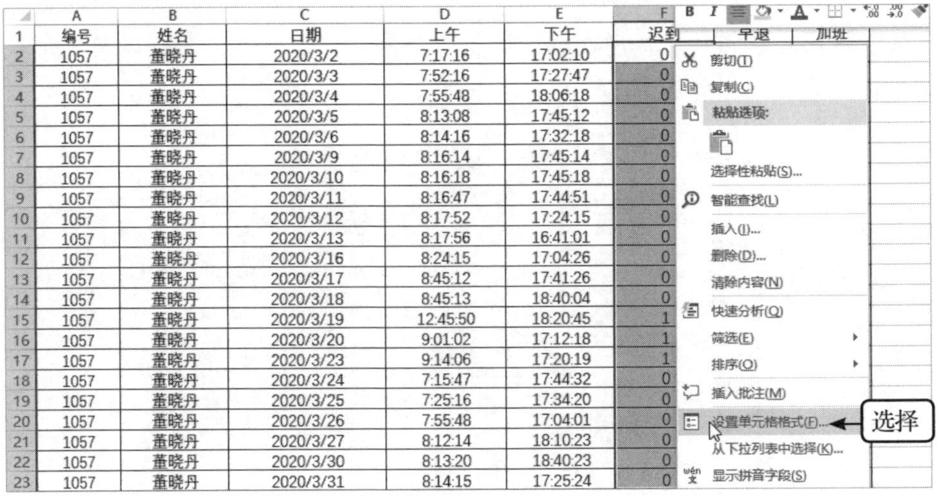

	A	B	C	D	E	F	G	H
1	编号	姓名	日期	上午	下午	迟到	早退	加班
2	1057	董晓丹	2020/3/2	7:17:16	17:02:10	0		
3	1057	董晓丹	2020/3/3	7:52:16	17:27:47	0		
4	1057	董晓丹	2020/3/4	7:55:48	18:06:18	0		
5	1057	董晓丹	2020/3/5	8:13:08	17:45:12	0		
6	1057	董晓丹	2020/3/6	8:14:16	17:32:18	0		
7	1057	董晓丹	2020/3/9	8:16:14	17:45:14	0		
8	1057	董晓丹	2020/3/10	8:16:18	17:45:18	0		
9	1057	董晓丹	2020/3/11	8:16:47	17:44:51	0		
10	1057	董晓丹	2020/3/12	8:17:52	17:24:15	0		
11	1057	董晓丹	2020/3/13	8:17:56	16:41:01	0		
12	1057	董晓丹	2020/3/16	8:24:15	17:04:26	0		
13	1057	董晓丹	2020/3/17	8:45:12	17:41:26	0		
14	1057	董晓丹	2020/3/18	8:45:13	18:40:04	0		
15	1057	董晓丹	2020/3/19	12:45:50	18:20:45	1		
16	1057	董晓丹	2020/3/20	9:01:02	17:12:18	1		
17	1057	董晓丹	2020/3/23	9:14:06	17:20:19	1		
18	1057	董晓丹	2020/3/24	7:15:47	17:44:32	0		
19	1057	董晓丹	2020/3/25	7:25:16	17:34:20	0		
20	1057	董晓丹	2020/3/26	7:55:48	17:04:01	0		
21	1057	董晓丹	2020/3/27	8:12:14	18:10:23	0		
22	1057	董晓丹	2020/3/30	8:13:20	18:40:23	0		
23	1057	董晓丹	2020/3/31	8:14:15	17:25:24	0		

图 6-3

　　在打开的对话框中，单击"数字"选项卡，在下方"分类"菜单栏中选择"自定义"选项，然后在右侧的"类型"文本框中输入"[=0]"";[=1]"迟到"'，单击"确定"按钮，将数字显示转化成文字显示，如图6-4所示。

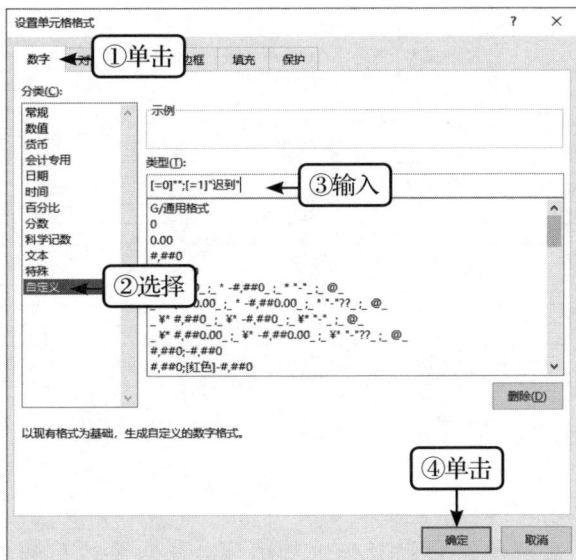

图 6-4

　　设置之后的显示效果如图6-5所示。

图 6-5

以同样的方式在G2单元格中输入函数公式"=IF((E2−"17:00:00"<0),1,0)"，在H2单元格中输入函数公式"=IF((E2−"17:00:00">VALUE("1:00:00")),1,0)"，分别向下填充数据，然后分别对其显示样式进行修改，最终效果如图6-6所示。

图 6-6

分类完成之后还要对考勤数据进行统计，此时要运用到数据透视表。首先选择任意数据单元格，单击"插入"选项卡，单击"表格"组中的"数据透视表"按钮，打开"创建数据透视表"对话框，选中"新工作表"单选按钮，再单击"确定"按钮，如图6-7所示。

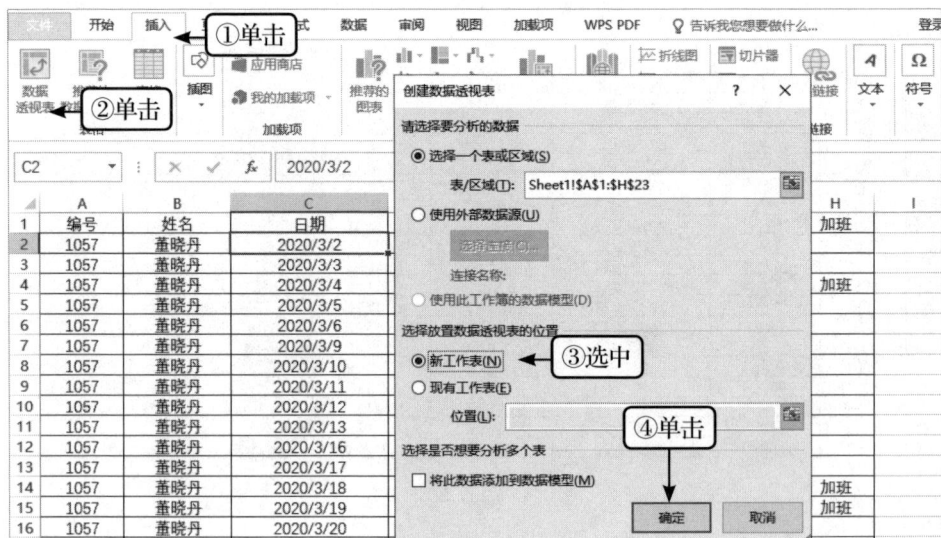

图 6-7

在打开的"数据透视表字段"窗格中，依次选中"姓名""迟到""早退"和"加班"前的复选框，即可在数据透视表中查看员工考勤情况，如图6-8所示。

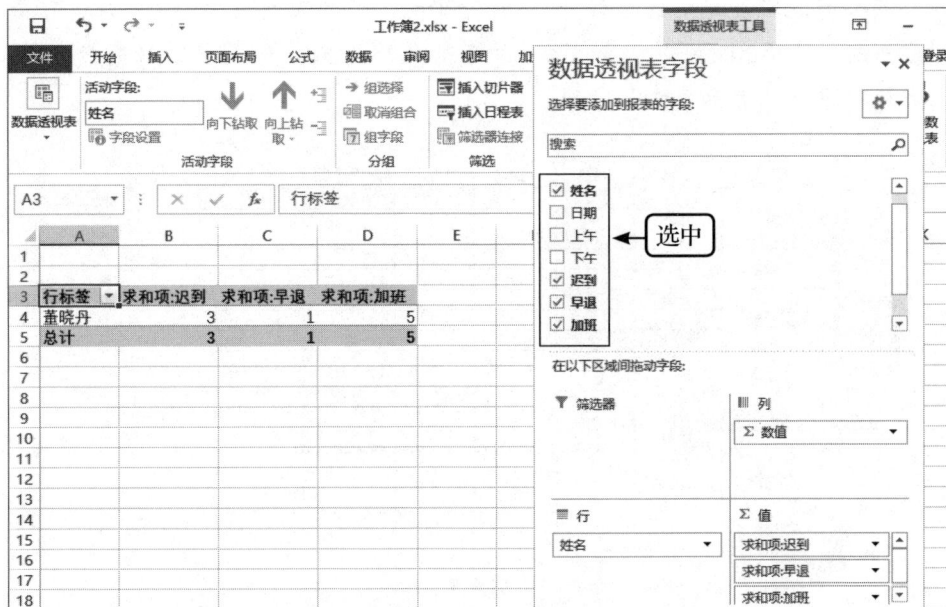

图 6-8

至此，员工考勤数据统计完成。

6.2.2 员工考勤工资核算

考勤数据统计完之后就可以核算出员工具体的考勤工资了，考勤工资包括员工全勤奖、迟到罚款和早退罚款，而员工加班工资应该计算在员工绩效工资中，这里不做介绍。

员工全勤奖应该是员工当月没有出现迟到、早退和请假的情况下可以领取的奖金，一旦员工出现迟到、早退或缺勤现象则不能领取全勤奖，还要根据具体的情况进行相应的惩罚。

实际上员工考勤工资计算也非常简单，结合 Excel 函数公式即可实现。

下面以某公司 2020 年 3 月的考勤数据计算当月考勤工资。

┃范例解析┃ 某公司员工考勤工资计算

某公司规定员工全勤时当月全勤奖200元，员工迟到罚款10元一次，事假80元一次，早退20元一次。如图6-9所示为某公司2020年3月员工考勤数据，在表格中添加"考勤工资"数列。

部门	姓名	迟到	事假	早退	是否全勤	考勤工资
财务部	王丽	2	0	0	否	
	林萧	0	0	0		
	赵丽	0	0	0		
客服部	蒋欣雨	0	0	0		
	罗芳	0	0	0		
企划部	曾增	3	0	0	否	
	刘大力	0	0	0		
	杨光瑶	0	1	0	否	
人事部	宋梅梅	0	0	1	否	
	赵晓磊	0	0	0		
	朱菲菲	0	0	0		
网络安全部	罗丹	0	0	0		
销售部	何阳	1	0	0	否	
	刘磊	0	0	0		
	张佳丽	0	0	0		
	张嘉佳	0	0	0		
	郑天宝	0	0	0		

图 6-9

选择G2:G18单元格，在编辑栏中输入函数公式"=IF(F2="",200,-(C2*10+D2*80+E2*20))"，按【Ctrl+Enter】组合键即可完成计算，结果如图6-10所示。

部门	姓名	迟到	事假	早退	是否全勤	考勤工资
财务部	王丽	2	0	0	否	-20
	林萧	0	0	0		200
	赵丽	0	0	0		200
客服部	蒋欣雨	0	0	0		200
	罗芳	0	0	0		200
企划部	曾增	3	0	0	否	-30
	刘大力	0	0	0		200
	杨光瑶	0	1	0	否	-80
人事部	宋梅梅	0	0	1	否	-20
	赵晓磊	0	0	0		200
	朱菲菲	0	0	0		200
网络安全部	罗丹	0	0	0		200
销售部	何阳	1	0	0	否	-10
	刘磊	0	0	0		200
	张佳丽	0	0	0		200
	张嘉佳	0	0	0		200
	郑天宝	0	0	0		200

②输入 =IF(F2="",200,-(C2*80+E2*20))

①选择

图 6-10

6.3
员工考勤工具与时俱进

不同的企业员工打卡的方式和工具会存在差异，例如朝九晚五行政类型的企业，选用的考勤工具通常比较传统，例如指纹考勤机和人脸识别等；而大部分员工在外发展业务的企业，选用的考勤工具则大多属于在线打卡软件，这样可以打破地域限制，使考勤更便捷。不同的考勤工具具有不同的优势，下面我们来了解一下这些考勤工具。

6.3.1 适用于行政员工的传统型考勤工具

传统的考勤工具主要指对到公司上下班的员工进行考勤管理的工具，这一类的考勤工具有很多，从类别上来看一般分为两种：一种是机械打卡机，也被称为考勤机内置打印设备，可以直接打印出原始考勤记录，打卡类又分电子类打卡机和机械类打卡机；另一种是刷卡类考勤机，主要分磁卡、条码卡和 IC 卡三类，具体如表 6-2 所示。

表 6-2 传统的考勤工具

考勤工具	优点	缺点
机械打卡机	价格便宜，操作简单便捷	统计比较烦琐，每月需要定时更换卡片
磁卡考勤机	可以通过计算机统计数据	磁卡容易消磁
IC 卡考勤机	与磁卡考勤机相同，可以通过计算机统计数据	与磁卡考勤机相同，IC 卡片容易损坏
条形码考勤机	光电读取条形码卡号，故障率低	条形码脏了之后灵敏度下降并有错码
感应卡考勤机	非接触性读卡，卡片无磨损，无错码	卡片成本偏高

续上表

考勤工具	优点	缺点
指纹考勤机	无须卡片，能够解决代打卡问题	要求指纹清晰，且干净卫生
虹膜考勤机	利用人的眼睛特征来识别不同的人，做到了用非接触方式来识别人的特征，识别速度小于1秒，也能够解决代打卡问题	成本较高

面对种类繁多的考勤工具，企业管理人员应该如何选择呢？可以从以下几个方面考虑，如图6-11所示。

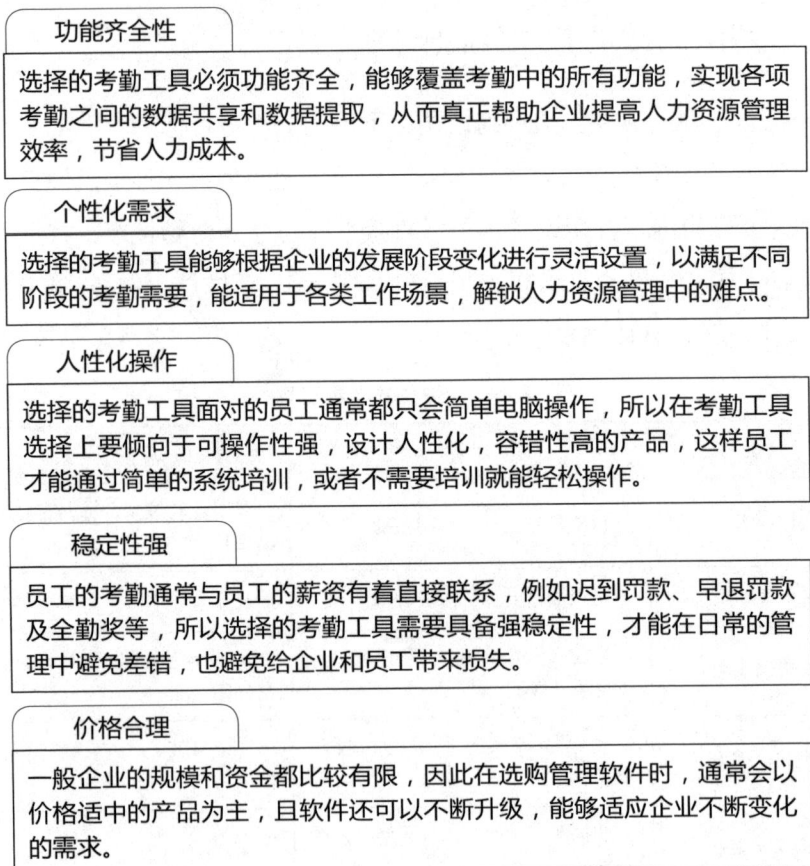

功能齐全性

选择的考勤工具必须功能齐全，能够覆盖考勤中的所有功能，实现各项考勤之间的数据共享和数据提取，从而真正帮助企业提高人力资源管理效率，节省人力成本。

个性化需求

选择的考勤工具能够根据企业的发展阶段变化进行灵活设置，以满足不同阶段的考勤需要，能适用于各类工作场景，解锁人力资源管理中的难点。

人性化操作

选择的考勤工具面对的员工通常都只会简单电脑操作，所以在考勤工具选择上要倾向于可操作性强，设计人性化，容错性高的产品，这样员工才能通过简单的系统培训，或者不需要培训就能轻松操作。

稳定性强

员工的考勤通常与员工的薪资有着直接联系，例如迟到罚款、早退罚款及全勤奖等，所以选择的考勤工具需要具备强稳定性，才能在日常的管理中避免差错，也避免给企业和员工带来损失。

价格合理

一般企业的规模和资金都比较有限，因此在选购管理软件时，通常会以价格适中的产品为主，且软件还可以不断升级，能够适应企业不断变化的需求。

图6-11

6.3.2　适用于移动办公的互联网考勤工具

移动考勤工具相比传统考勤工具来说，最大的优点就是移动考勤工具并不需要考勤机等工具，员工只要有手机和网络就能够完成考勤操作，让手机变身考勤机，从而摆脱死板烦琐的考勤工作，为企业减少考勤成本。

下面我们来介绍一些市面上比较受欢迎的移动考勤工具，帮助管理者进行选择。

◆　云之家

云之家智能考勤满足内勤、外勤，集成打卡机多种打卡方式，多班次、灵活排班，年休假、调休假余额透明，通过审批自动管控，支持固定、排班制和弹性工作制考勤；支持自动计算各类考勤状态，随时关注员工工作投入度，大大提升企业办公效率。如图 6-12 所示为云之家官网。

图 6-12

◆　钉钉

钉钉是阿里巴巴出品的一款专为全球企业打造的免费智能移动办公平台，其中的移动办公考勤功能，可用关联产品实现指纹打卡、定位打卡、刷脸打卡，并且人脑能想到的各种考勤规则、各种请假制度都能实现规则设置，考勤报表自动统计，一键导出，非常便捷简单。如图 6-13 所示为钉钉官网。

图 6-13

◆ i 人事

i 人事是人力资源管理系统新锐产品，聚集了人力资源管理和技术开发方面的中坚力量，结合新的技术开发，利用智能手机发展的新阶段和移动办公的趋势，基于云端和移动端的新型人事管理工具。

i 人事支持手机在线打卡、请假、审批及考勤等，可以有效避免代打卡，提升假勤信息。另外，i 人事将加班、调休和休假进行智能化管理，根据员工的排班计划，自动推荐合理的加班类型及加班小时数，保障企业合规，员工劳逸结合。如图 6-14 所示为 i 人事官网。

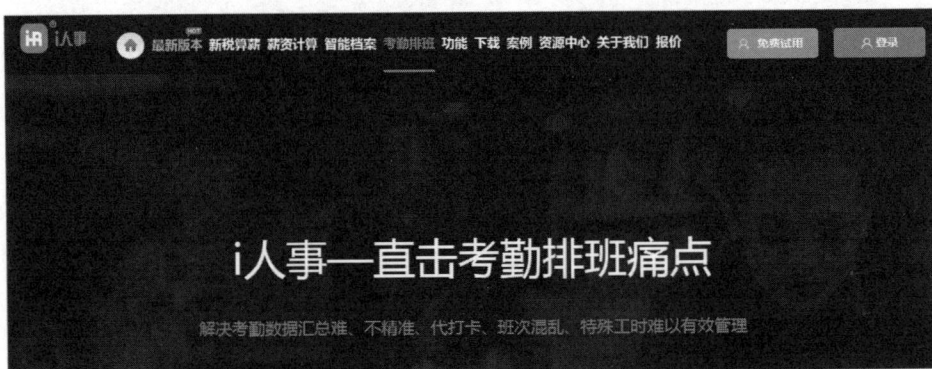

图 6-14

6.3.3　微信也可以统计考勤

实际上，除了员工下载专业的移动办公软件实现移动考勤之外，还可以借助微信实现考勤。如今，微信几乎已经发展成了人人都会使用的一款聊天软件工具，人们日常生活中的支付、聊天、娱乐和出行等都离不开微信。

人们对微信的熟悉度较高，如果企业通过微信来完成员工的考勤，对员工来说比较方便和简单，员工不用额外去熟悉软件界面和操作方法。

微信做考勤主要有两种方法：第一种是通过企业微信来实现；另一种则是通过第三方小程序来完成。

（1）企业微信打卡

企业微信是腾讯微信团队为企业打造的专业办公管理工具，它提供了与微信一致的沟通体验，丰富免费的 OA 应用，并与微信消息、小程序和微信支付等互通，从而助力企业高效办公和管理。

企业管理人员设置好打开规则，将地址定位为公司地址或 WIFI 设置为公司 WIFI，必须满足其中一个或者两个条件就打卡成功，这样设置好后，点击确定。员工就可以直接在微信上打卡了。

下面来看看具体的操作实例。

| 范例解析 |　员工通过企业微信打卡签到签退考勤

员工打开手机中的企业微信后，进入到自己单位的企业微信里面，在下方点击"工作台"按钮，如图6-15左图所示。

进入工作台界面中，发现多个应用功能模块，点击其中的"企微云考勤"按钮，如图6-15右图所示。

图 6-15

员工进入考勤界面，第一次进入会提示"获取地理位置"，点击"允许"按钮。若是不小心点击了"不允许"按钮，则需进入应用界面打开"提供位置信息"开关。如图6-16所示。

图 6-16

点击下方的"公司考勤"按钮，点击签到签退之后会自动显示地理位置，若地理位置距离设定的上班地点太远或者签到签退时间与设定的上下班时间相差太远都会有提醒自动弹出，如图6-17左图所示。签到签退完成之后可以在备注信息处填写备注信息，不会因为签到错误而担心。

员工也可以在考勤详情界面，查看考勤的具体时间要求，包括签到和签退时间要求，只要在这期间完成考勤即可，如图6-17右图所示。

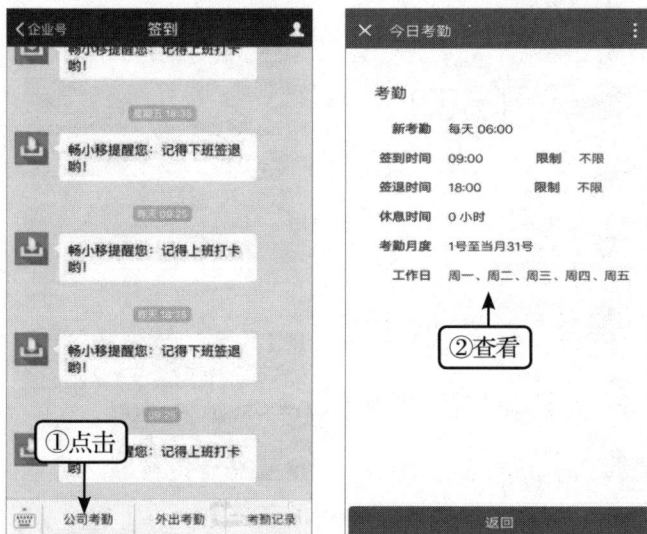

图 6-17

对于外出出差的员工也不用担心考勤的问题，可以拍下现场照片加上定位来准确汇报自己所在的位置及到达时间，而且设置了仅可以拍照上传，不能选取照片上传。

员工还可以查看考勤记录，以便查看每天的记录是否正常，能看到签到签退的时间和备注信息。

（2）连接第三方小程序

连接第三方小程序是指在微信中添加考勤公众号，然后在管理后台设置考勤规则，员工就可以在手机端实现微信考勤了。打开微信，在公众号搜索框中输入"考勤"，可以看到非常多的考勤类小程序，如图 6-18 左图所示。

以"小微考勤"为例，进入小微考勤公众号，可以看到小微考勤提供了办公考勤、销售签到、WIFI 考勤、扫码考勤、活动打卡和点名考勤六种考勤方式，如图 6-18 右图所示。

图 6-18

微信考勤相对于其他的考勤工具来说可能是最便捷的一种方式，在未来，微信考勤也可能逐渐发展成为一种趋势。

第七章

激励薪酬:
充分调动员工积极性

激励薪酬也称为诱惑薪酬，它是通过支付员工额外的薪酬对员工起到激励作用，从而充分调动起员工工作的积极性。但很多管理者对激励薪酬的认识还停留在年终奖上，实际上激励薪酬有各种各样的形式和内容，能够对个人、团队或企业起到短期或长期的激励。

7.1
激励薪酬的意义与原则

在了解激励薪酬之前，首先需要明白激励薪酬由激励和薪酬组成，激励与薪酬是两个不同概念的词语，激励是指对员工的鼓励，薪酬是指员工通过自身劳动应得的工资，而激励薪酬指的是为了使员工更积极地工作，而以薪酬作为激励的方式，这是额外的一种奖励机制。因此，不能够将激励薪酬与绩效工资混为一谈，绩效工资为员工的应得薪酬。

7.1.1　设计激励薪酬的意义

从概念上来看，激励薪酬也叫诱惑薪酬或业绩薪酬，即指员工在达到了某个具体目标、绩效水准或创造某种盈利后所增加的薪酬收入部分，它是以员工、团队或者组织的短期或长期绩效为依据而支付给员工个人或团体的薪酬。相较于基本薪酬而言，激励薪酬具有一定的可变性，激励薪酬实施的前提是业绩考核，因此激励薪酬是和业绩密切联系在一起的。因此，它对员工的激励作用更强。

简单来说，激励薪酬就是以额外的薪酬刺激激励员工，使其更加努力地投入工作。但是具体来看，除了对员工起到激励作用之外，从长期的角度来看，还对企业的发展起到重要作用，具体如下所示。

◆　让企业真正的人才脱颖而出

激励薪酬机制的设计能够让企业中的真正人才脱颖而出，让能力强的员工变得更强，让能力稍弱的员工向优秀者看齐。这样改变了"大锅饭"式的分配原则，也更能体现出激励机制的公平性。

◆　提高薪酬机制的竞争优势

激励薪酬对原本的薪酬机制做了补充，使其在市场中更具有竞争优势，从而为企业吸引到优秀人才。需要注意的是，激励薪酬是作为员工收入额外的补充，而非员工应得工资。因此，员工的薪酬水平应与市场水平持平，或优于市场水平。这样才能体现出激励薪酬的优越性。

◆　提高对企业的忠诚度

很多时候，员工对企业盈利与否或盈利高低并不关心，只要自己每个月能够按时按量地拿到自己的工资即可。这样的员工往往对企业的忠诚度并不高，一旦有机会就会离开企业寻求新的发展。

但加入激励薪酬机制则不同，激励薪酬将员工个人绩效与企业利润紧密联系，员工想要得到高工资离不开企业获得高收益。这样的机制将员工与企业的利益结合起来，形成利益共同体，从而提高了员工对企业的忠诚度。

总结来看，一个企业只有具备了带有激励性质的薪酬体系才能降低企业人员的流失率，吸引高级人才，减少企业的内部矛盾，增强企业凝聚力，提高企业员工的综合素质，从而提高劳动生产率，完善企业的机制。

7.1.2　激励薪酬的设计原则

激励薪酬制度设计实际上是对企业利益分配的设计过程，但是很多管理者在激励薪酬分配过程中发现企业的激励薪酬机制并不能够真正意义上对企业员工起到激励作用，这是为什么呢？下面我们来具体看看。

企业激励薪酬机制实际上可以看作是一个企业利润价值划分的过程，如何能够真正意义上实现激励，主要是看划分的步骤和原则，因此我们要分两个方面来看待。

◆　激励薪酬机制的分配流程

很多管理者对激励薪酬机制的分配流程不太清楚，因为他们将其简单地理解为价值利益划分的过程，如图 7-1 所示。

图 7-1

　　如果将企业价值利益看作一个大蛋糕，那么这类管理人员眼中的激励薪酬机制只是狭隘的将其视为利益分配机制，即如何将其公平地划分给员工。实际上激励机制应该包括 3 个部分：价值创造、价值形成和价值分配，形成一个良性循环的发展体系，如图 7-2 所示。

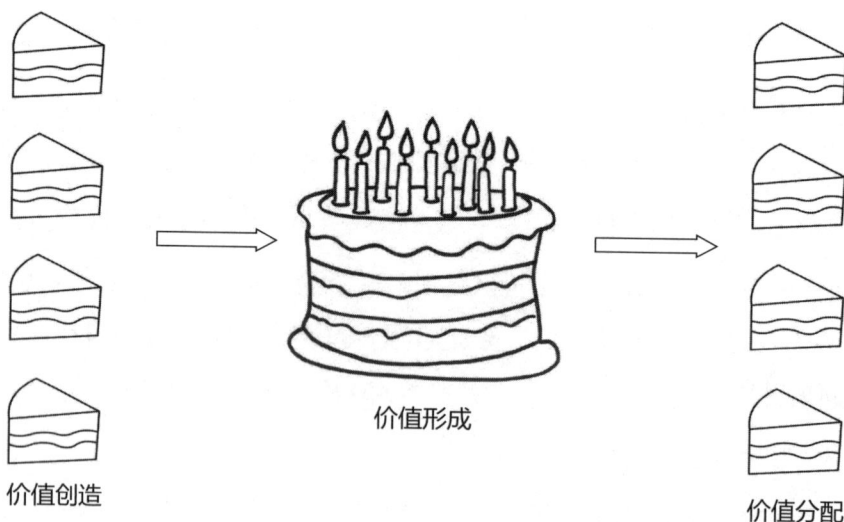

价值创造　　　　　价值形成　　　　　价值分配

图 7-2

　　从图 7-2 中可以看到，激励薪酬机制要从根本上去解决价值分配的问题，在分蛋糕的问题上，必须要从源头上入手，就是首先要解决价值创造的问题。

我们的价值分配一定是有利于我们企业的价值创造，有利于我们把蛋糕做大的。只有想办法将价值蛋糕做大了之后，再来做价值分配，才会进入到一个良性的发展中。

◆　激励薪酬的分配原则

激励薪酬的分配应该以"人创造的价值大小"为分配原则，论功行赏。企业蛋糕中创造了多少的价值，就应该得到相应的回报。

但在激励薪酬制度中要注意遵循公平原则，包括分配公平、过程公平和机会公平。

①分配公平是指企业在进行激励薪酬分配措施时，应符合公平的要求，按照员工绩效评估和制度规则进行公平分配。

②过程公平是指在企业依据的决策标准或方法应该符合公正性原则，程序公平一致，标准明确，过程公开等。

③机会公平指企业赋予所有员工同样的发展机会，包括组织在决策前与员工互相沟通，组织决策考虑员工的意见，主管考虑员工的立场，建立员工申诉机制等。

7.2
短期性激励薪酬计划

短期激励薪酬是相对长期激励薪酬来说的，指基于一段时期内的业绩状况而浮动支付的激励薪酬，例如年度、季度和月度业绩情况。可以说，短期激励是为解决当下的激励问题而设计的激励薪酬计划，而长期激励则是为帮助企业持续良性发展而设计的激励计划。如图 7-3 所示为短期激励与长期激励的差异。

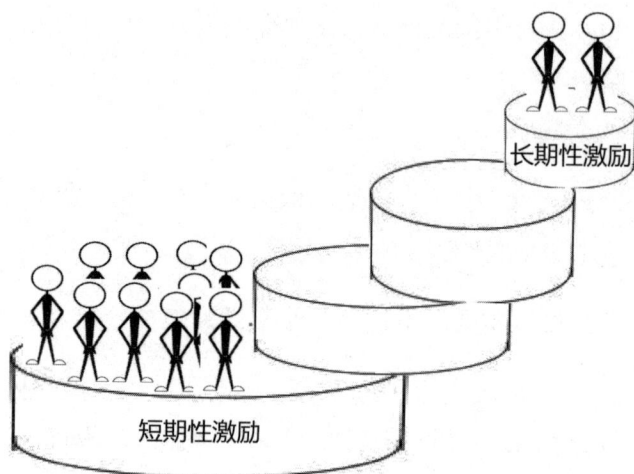

图 7-3

从上图可以看到，短期激励与长期激励对比区别如下所示。

短期激励门槛较低，受众面广泛，企业中的大部分人都可以享受到激励带来的福利。正因如此，短期激励也存在分享次数多、间隔时间短及到手额度较少的特点。

而长期激励则门槛较高，受众面少，通常只有企业中的核心管理人员或技术骨干才能够得到。正因如此，长期激励也存在分享次数少、间隔时间长和到手额度大的特点。

7.2.1 简单直接的现金分红激励

现金分红是大部分员工比较喜欢的一种激励方式，因为现金分红能让员工们得到实实在在的好处。它是指让员工分享当期的、来自部分利润的奖金，通常这类的奖金来自超过以往业绩或预算的部分。

现金分红能够对员工起到直接的、明显的激励作用，让员工更加积极地对工作投入热情。

| 范例解析 | 永辉超市员工现金分红策略

永辉超市的董事长发现，超市中的基层员工每月工资只有2 000元左右，仅仅能够满足生存需求。在这样的薪酬条件下，普遍的基层员工都持着混日子，打发时间的心态上班，工作的热情和积极性都不高。

但是，超市与其他行业不同，超市对基层员工的依赖性较高，因为员工不仅负责超市生鲜产品的质量，还直接面向消费者提供服务，所以这样的行业性质要求超市必须与基层员工建立稳定雇佣关系，进一步提高员工的工作热情。

对此，永辉超市董事长陷入思考，如果仅仅简单地提高员工工资显然不能够达到激励员工的目的，且永辉超市门店较多，全国大约有6万多名员工，每人每月增加仅仅100元的收入，企业一年就要多支出7 000多万元的人工成本，并且100元对员工来说，激励效果并不明显。所以想要真正对基层员工起到激励作用，必须将超市业绩和员工直接挂钩，于是董事长引入了新式"合伙人"制度，如图7-4所示。

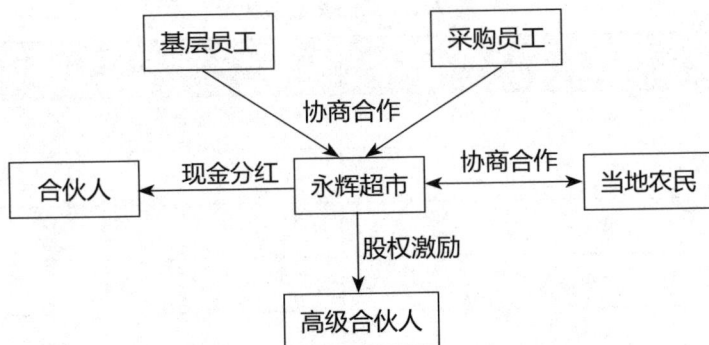

图 7-4

现金分红主要针对的是合伙人，它是指总部和门店合伙人代表，根据历史数据和销售预测制定一个业绩标准，一旦实际经营业绩超过了设立标准，增量部分的利润按照既定比例在总部和合伙人之间进行分配。

合伙人制度实际上一种分红制度，基层员工合伙人有别于其他公司的合伙人制度，这些合伙人并不享有公司股权、股票，而只有分红权，即总部和小团体增量利润的再分配。分红计算公式如下：

门店奖金包=门店利润总额超额×30%

门店利润总额超额=实际值−目标值

门店奖金包上限：门店奖金包≥30万元时，奖金包按30万元发放

奖金包分配比例如表7−1所示。

表7−1　奖金包分配比例

职务级别	分配比例
店长、店助	门店奖金包×8%
经理	门店奖金包×9%
科长	门店奖金包×13%
员工	门店奖金包×70%

门店中各个部门的奖金分配系数，如表7−2所示。

表7−2　部门奖金系数

部门毛利率达成排名	分配系数
第一名	1.5
第二名	1.3
第三名	1.2
第四名	1.1
后勤部门	1.0

最后根据系数计算出员工最终应得的分红金额。

永辉超市对基层员工实行"合伙人"制度，将部分经营业绩直接和员工关联起来，增加了员工的薪酬，也从根本上调整了员工的工作态度，超市中

的上货率、更新率都大幅增加，商品质量和服务质量也都有所提升，但是公司的整体人工管理费用并没有出现明显增加的情况，这就是激励的效果。

7.2.2 针对工作效率的进步激励奖

进步共享与现金分红则不同，它是让员工分享一部分在预定规则下由提高生产效率或提高节约成本带来的价值。进步共享激励比较适用于工作标准清晰且可衡量的企业，例如，生产员生产商品，每超出目标数量100件时可获得100元的现金奖励。

但是通常这类激励与惩罚相对应，即员工超出预期目标可得到奖金，但如果员工没有达到基本要求则可能会有相应的罚款。

| 范例解析 | 某互联网公司运营技术部进步激励

某互联网公司运营技术部绩效奖励制度

一、工作日统计

从上月20日至当月20日为一个周期，扣除法定节假日后即为当月实际工作日。

二、具体工作量考核

1.每2个工作日完成一个页面，如遇其他紧急事件或需要修改页面内容，时间顺延1个工作日。

2.系统维护每次按0.5个工作日计算。如遇硬件损坏报请部门主管，说明实际情况，按购买硬件所需时间顺延。

三、超额完成部分奖励计算

1.页面核算方法

（1）网站每个子频道或专题专栏首页为1个页面单位。

（2）二级栏目如有4个以上（含4个）子栏目为1个页面单位。

（3）每2个更多页按1个页面单位计算。

（4）内容页为1个页面单位。

（5）系统维护2个工作日的工作量为1个页面单位。

（6）修改原有页面版式及页面代码按上述要求核算。

2.超额部分奖励计算

（1）每1个页面单位奖励30元。

（2）每1个GIF、JPG图片奖励20元。

（3）每1个SWF文件奖励30元。

（4）系统维护每0.5个工作日奖励20元。

以上统计必须以派工单和发布系统统计数据为准，每月20日个人统计以后交由部门核算。

四、未完成当月工作量的处罚计算

1.每1个页面单位扣30元。

2.系统维护每0.5个工作日奖励20元。

3.接到派工单及时了解制作要求，如制作要求超出个人制作能力必须严格按制作需要工作时长制作，无正当理由0.5个工作日扣30元。

从案例可以看到，进步激励将员工的工作效率与目标紧密联系，把员工的注意力引导至工作过程中，让员工可以更积极地投入到日常工作中。

但是，进步激励设计时需要注意，设置的标准目标要合理，否则难以对员工起到激励作用。

7.2.3 突出表现而给予的即时激励奖

即时激励奖通常是对员工的某一行为或突出表现给予的实时性奖励，奖励的对象可以是有限的一位或一部分员工或团体。即时奖励的激励作用明显，能够帮助员工形成良好的工作习惯，提高工作效率。对企业来说，即时奖励也能形成良好的办公氛围。

即时激励与基于绩效表现的激励存在明显不同，具体如表 7-3 所示。

表 7-3　即时激励与绩效激励的区别

项目	即时激励	绩效激励
激励原因	面向员工行为，关注符合企业价值导向的人和事	面向员工绩效，关注员工工作绩效结果
激励结果	对员工行为的肯定	对员工绩效的综合评价
激励频率	不定期，即时性的，不可预知的	定期的，固定的，可预知的

总的来说，即时激励关键在于即时，对员工的某一事件或行为进行肯定，并做出奖励。

下面以一个具体的实例进行说明。

| 范例解析 |　某公司业绩即时奖励实施办法

某公司重大业绩即时奖励实施办法

为激励公司在发展时期作出特殊贡献的管理人员和员工，公司实行"重大业绩即时奖励"实施办法，作为有效激发公司管理人员、员工的积极性和能动性、鼓励员工创造性地开展工作，遵循"务实、高效"的企业文化理念，推进公司快速转型和跨越式发展的一项重要举措。鉴于此，特制定本实施办法。

一、奖励原则

在薪酬正常考核范围外，作为公司薪酬体系的补充和完善，强化激励机制，实行一事一奖、特事特奖的即时奖励办法。

二、奖励对象

公司在册管理人员、员工。

三、奖励事项范围

凡在公司经营管理活动中，独立完成某项突破性工作或起到关键主导作用的，包括但不局限于下列事项。

1.引进符合公司战略目标所需重大资源的。

2.建立创新模式并取得重大成果的。

3.承担重大资本运作项目并取得特殊成效的。

4.凡涉及公司重大战略目标，对事关全局或对企业的长远发展具有特别重要意义的决策和建议并被采用的。

5.阶段性业绩贡献突出的和完成业绩目标攻关计划的。

6.公司董事长和总经理特别提议奖励的人和事。

四、奖励依据

1.超越本职工作范围、为公司取得直接经济效益的。

2.在工作中作出创新成果、目标取得重大突破、业绩作出重大贡献的。

五、奖励形式：精神奖励与物质奖励相结合

1.全公司范围内通报表扬。

2.提供各种学习考察的机会。

3.晋级和提拔使用的依据。

4.现金奖励和重大项目提成奖励。

六、奖励标准

1.现金奖励分为两档：第一档为10万元以下；第二档为10万元以上（含10万元）。

2.重大项目提成奖励分为三档：

第一档在重大项目运作中动用公司资源的提成奖励1%~5%。

第二档在重大项目运作中不动用公司资源的提成奖励5%～10%。

第三档在重大项目运作中作出重大特殊贡献者可提成奖励10%以上。

7.3
长期性激励薪酬计划

长期激励与短期激励不同，其本质上是为了使员工关注企业的长远利益，减少员工只为实现短期目标的行为，增强企业的内部凝聚力，同时提高员工的工作积极性，吸引并留住人才。

7.3.1 长期激励的类型有哪些

从概念上来看，长期激励是企业的所有者（股东），激励经营管理者与员工共同努力，使其能够稳定地在企业中长期工作并着眼于企业的长期效益，以实现企业的长期发展目标，通过给予高级管理人员以约定的价格，购买未来一定时期内公司股份（股票）的权利来约束和激励员工和高级人员的一项企业管理制度。

随着激励的发展和演变，长期激励衍生出多种激励方式，在实施长期激励前，我们首先应该了解各类长期激励工具的适用情况及特点。

◆ 股票期权

股票期权指公司给予激励对象在一定的期限内按照某个既定的价格购买一定数量公司股票的权利。公司给予激励对象的既不是现金报酬，也不是股票本身，而是一种权利，激励对象可以以某种优惠条件购买公司股票。鼓励激励对象持股，使其收益与公司市场价值紧密相连。

当然，激励对象有权行使这种权利，也有权放弃这种权利，但不得用于转让、质押或者偿还债务。

◆ 虚拟股票

虚拟股票是指公司给予激励对象的一种"虚拟"股票，激励对象可以据此享受一定数量的分红权收益或股票升值收益，但没有所有权和表决权，不能转让和继承。

实质上虚拟股票是一种享有公司分红权和账面增值权的凭证，但除此之外，不再享有其他权利，虚拟股票的授予不影响公司的总股本和股本结构。

简单来说，虚拟股票只关系收益权而不涉及其他，也就意味着公司的总资产和股权结构不受影响，激励对象收益的高低取决于公司的收益情况。

◆ 股票增值权

公司授予激励对象一定比例的虚拟股票，激励对象可以获得虚拟股票在规定时间内的价值增长差额，即激励对象不用实际购买股票，只需要通过行使这种权利便可获得相应的收益，收益来源于公司股票的增值部分。

◆ 持股计划

持股计划指企业根据计划安排股权，使受激励对象能够持有一定数额的股票。受激励对象获得股票的途径并不固定，可以是员工自己出资购买，也可以是公司提供部分补贴，还可以是公司赠予。

受激励对象持有的股份与实股类似，能够参与公司决策表决，还具备分红的权利，但同时也承担相应的风险。

◆ 限制性股票

限制性股票指企业按照预先确定的条件授予激励对象一定数量的本公司股票，激励对象只有在工作年限或业绩目标符合股权激励计划规定条件的，才可出售限制性股票并从中获益。

　　限制性股票特点在于，股票具有限制性条件，由公司无偿或低价给予受激励对象，虽然股票一次性给予，但兑现却是分阶段的。

◆　业绩股票

　　业绩股票从名称上来理解，就是对那些在工作业绩上有着明确指标的员工，当他们达到规定的业绩目标后，可获得公司奖励的一定数量的公司股票，但获得后需满足一定时间方可处置。业绩股票对员工的激励效果明显，能够激励员工努力提升自身业绩。

◆　期股

　　企业和激励对象协商确定股票购买价格，在未来一段时期内由激励对象通过个人出资、贷款或奖励转化等获取一定数量的股份。在还清购买股费之前，激励对象不享有持股所得的权利。

◆　分红权

　　分红权分为短期激励和长期激励，是公司授予激励对象一种分享公司经营收益的权利，但没有所有权，没有表决权，不能转让和出售，在离开公司后自动失效。

◆　员工持股

　　员工持股指公司根据员工意愿，将应付员工工资、奖金等现金薪酬的一部分委托资产管理机构管理，通过二级市场购入本公司股票并长期持有，股份权益按约定分配给员工的制度安排。

◆　利润分享计划

　　利润分享计划是基于企业净利润或利润增加额提取一定比例纳入奖金池，并采取延期支付方式。利润分享计划优点在于方法直观、易于操作，激励对象易于理解，同时基于业绩的递延支付方式可有效保障公司的长期利益。但是激励收益和利润挂钩不体现公司股票、资产价值增长。

7.3.2　企业的股权激励工具如何选择

从前文介绍可以知道，股权激励工具类型多种多样，且不同的股权工具具有不同的特点和优势。那么，企业在实际的经营过程中应该如何选择股权激励工具呢？

| 范例解析 |　华为的股权激励变化过程

华为企业成功的背后最为人感叹的是其股权激励制度的变化过程，华为是国内股权激励最典型的代表，也是国内最早实现股权激励的公司，从1999年开始，华为就实行全员持股制度。

华为董事长只保留1.4%的股份，没有机构投资者，其余98.6%的利益都与员工分享，把股份分完，把公司做大。当然，华为的股权激励制度并非一蹴而就的，它经历了一段时间的演变，如图7-5所示。

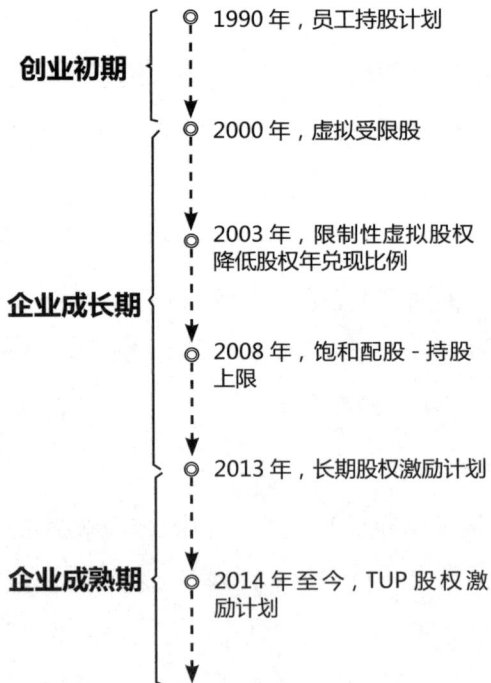

创业初期
- 1990年，员工持股计划
- 2000年，虚拟受限股

企业成长期
- 2003年，限制性虚拟股权降低股权年兑现比例
- 2008年，饱和配股 - 持股上限
- 2013年，长期股权激励计划

企业成熟期
- 2014年至今，TUP股权激励计划

图 7-5

（1）1990年～2000年，企业处于创业初期

公司面对生产和研发的需要缺乏大量资金，而员工缺乏投资渠道。此时华为采取股票激励计划以1元的股票发行价格，按照税后利润的15%作为红利向内部发行股票。通过员工持股计划用实体股权激励获得内部融资，解决资金困难，也留住员工并激发动力。

（2）2000年～2013年，企业处于成长期

处于成长期的华为企业依照不断变化的市场对股权激励做出了调整。2000年，为了解决资金和激励问题，华为实施虚拟受限股，主要强调股票的增值与分红，激励对象不再享有表决权，同时强调员工离职，激励福利丧失。该类期权的行权期限以4年为周期，每年1/4，而且从初创期的全员激励走向了核心技术员工及管理层的重点激励方向上。

2003年，为了进一步强化股权激励的效果，吸引和留住核心人才，华为企业进一步调整限制性虚拟股。此次调整后的股权激励计划明确了配股锁定期，即员工3年内不得兑现，一旦离开期权即作废。同时兑现比例下降到年1/10的比例。

2008年华为发生了员工大批赎回所持股票的现象。为了稳定人心，吸引人才，华为进一步调整，以员工岗位级别明确持股上限的方式实施了饱和配股激励计划。

该计划的实施使老员工基本已经达到持股上限，没有参加配股。但是，由于此次股权激励的年利率是6%，使老员工仍然持有公司股权，从而实现了企业的稳定。

（3）2013年至今，企业处于成熟期

成熟期的华为公司，资金充裕，推出了TUP计划，给员工分利，给公司留权，为以后的发展留下空间。TUP计划每年根据不同员工的岗位和级别、绩效，配送一定比例的期权。这种期权不需要花钱购买，周期一般是5年。购买当年没有分红，前三年每年分红1/3，第四年获得全部分红。同时最后一年获得股票增值结算，然后股票数额清零。

通过华为企业的股权激励变化过程可以看出，企业的股权激励工具选择以企业自身的发展情况为前提，根据企业所处的不同阶段和面临的不同困境对股权激励做出了动态调整。在帮助企业走出当前困境的同时，还对员工起到了激励作用，维持了员工的稳定性，助力企业进一步发展。

因此，企业在股权激励工具的选择上首先应该考虑的是企业发展阶段，然后再根据各个阶段的需求和实际情况选择合适的激励工具。

通常来说，企业的发展需要经历 4 个阶段，如图 7-6 所示。

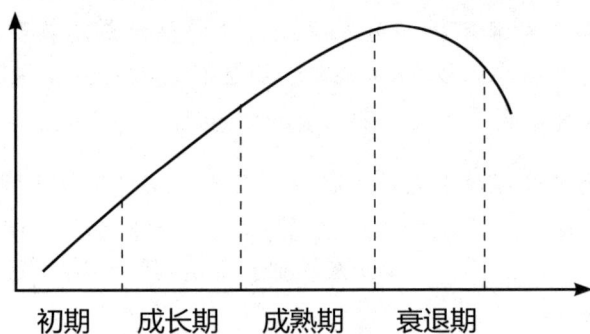

图 7-6

◆ 初期

处于初期的企业，往往才初步建立，人才是企业发展的关键，所以需要做绑定型激励，将企业中的核心人员和关键人员与企业牢牢绑定。此时，通常采取实股股权进行激励。

◆ 成长期

企业经过发展初期，走出了求生存阶段的困境转入快速发展的成长期。为了赢得市场的认可，企业需要不断添加新的员工，员工也需要新的激励方式，此时的激励属于扩张型激励，实股股权、期权或虚拟股权等股权激励工具，可以结合实际需求选择使用。

◆　成熟期

成熟期的企业已经能够比较稳健的发展了，此时公司会考虑进入资本市场，上市前需要有一轮股权激励，主要考虑实股股权激励。

◆　衰退期

经历了高成长之后的衰退期，股权已经没有吸引力了，此时应该以现金激励为主。

7.3.3　实施股权激励的注意事项

股权激励作为一种长期激励手段，能够对企业中的高管人员和核心技术人员起到明显的激励作用，但同时还会增加企业的经营风险。所以，企业在设计实施股权激励时要注意以下几个问题，以规避实施风险。

（1）建立科学的量化绩效管理机制

不管是何种方式的股权激励，其目的都是希望激励员工积极工作，帮助企业获得更好的发展，如果对于相关的股权享有者没有做绩效考核，而只是让其坐等分红，这样对公司的成长是没有帮助的。所以股权激励的方案实施必须与企业的业绩发展紧密结合。

因此，企业推行股权激励的前提是建立一个科学的量化绩效管理机制，据此选择出真正的激励对象，才能得到良好的激励效果。

（2）股权激励制度注意稳定性和灵活性

企业设计的股权激励要同时具备稳定性和灵活性。稳定性要求股权激励制度必须是能够长期且有效执行的，如果不能做到，很可能使员工对企业失去信心，从而失去激励效果。

灵活性则要求股权激励制度能够跟随企业的发展做出动态的调整和变

化，以适应不同的对象、环境和时间。

（3）必须设置退出条款

股权激励的目的在于防止企业人才流失，但企业在股权激励设计之初就要考虑员工离职的情况，并对这些可能出现的情况做出预防和准备。例如，员工离职则股份由公司收回等。

（4）股权激励方案设计应确保公正性

股权激励方案的制定必须确保制度本身的公正性，这样才能够对员工起到激励作用。通过合理设定股权激励的业绩条件、约束条件、考核条件及管理条件，来确定目标激励对象。

第八章

薪酬预算：
总额数据的统计与管理

　　薪酬预算与管理对企业经营管理来说具有重要意义，它能够根据企业的规模、组织架构和人力资源结构情况评估企业薪酬总额的健康状态，判断企业是否存在人力成本过高的情况，以便及时做出相应的调整措施。

8.1
企业做薪酬预算的意义

企业薪酬预算实际上是企业管理的重要部分，它是确保企业稳定持续运营的基础，也是企业未来财政支出调整变化的基础。准确的企业薪酬预算还能够合理控制员工流动率，降低企业的劳动力成本。

8.1.1 薪酬预算的管理意义

某公司因资不抵债而宣布破产，不仅外界一片哗然，公司员工也感到不可思议。因为该公司已经成立超过5年，创立以来始终保持快速发展的趋势。去年，公司为了快速扩张还招聘了一批行业内的技术人员和专业人员，薪酬水平之高在行业内引起轰动。

但是，才短短1年时间，公司就宣告破产。企业负责人出面说道："引发公司破产的原因有很多，但是其中最根本的原因在于企业的负债过重，严重超出了企业的承受能力。"

原来，公司的年利润破产之前在同行业中也位于前列，但是公司的年支出接近公司年利润，其中最大的一项支出就是员工的薪酬，占了总支出的2/3。

通过上例可以看到，公司为了加速发展而盲目提高员工薪酬，导致企业负担过重，最终给公司带来了毁灭性的打击。如果公司做好了严格的薪酬预算和管理，那么就能避免这一情况的发生。

薪酬预算指企业管理者在薪酬管理过程中对企业进行的一系列成本开支方面的权衡和取舍。薪酬预算是薪酬控制的重要环节，准确的预算可以保证企业在未来一段时间内的薪酬支付受到一定程度的协调和控制。

薪酬预算要求管理者在进行薪酬决策时，综合考虑企业的财务状况、薪酬结构及企业所处的市场环境等因素的影响，确保企业的薪酬成本不超出企业的承受能力。具体来看，薪酬预算具有以下几点作用。

①薪酬预算是企业进行薪酬管理的重要依据，能够为下一年度薪酬和财务分配做好基础准备。

②薪酬预算可以合理控制员工流动率，同时降低企业的劳动力成本。

③薪酬预算能够影响员工的行为，主要是对员工流动率和绩效表现的影响。

8.1.2 编制薪酬预算的影响因素有哪些

为了提高薪酬预算的准确性，管理者做薪酬预算之前需要从多个角度来考虑可能存在的影响因素，以便为薪酬预算打好基础。编制薪酬预算的影响因素分为企业内部环境和企业外部环境。

（1）企业内部环境

企业内部环境分析指对企业内的薪酬支付能力、薪酬结构、员工流动情况、岗位招聘计划、员工晋升计划及薪酬满意度等方面进行分析。

◆ **企业薪酬支付能力**：指企业薪酬支付的能力强弱，主要是对包括劳动分配率、薪酬费用率和薪酬利润率三项指标的判断，一般选用同行业平均水平或标杆企业同指标进行比较。

◆ **薪酬结构**：指根据企业的组织结构而划分的薪酬结构层级数量、层级差距及各个层级所占比例。

◆ **员工流动率**：指根据以往的员工离职率，评估员工离职数量，以及相应的薪酬变化情况。

◆ **岗位招聘计划**：指企业准备招聘的岗位和员工数量，以及招聘岗位的薪酬额度预估。

◆ **员工晋升计划**：指企业的员工晋升数量、晋升等级，与晋升后的薪酬水平。

◆ **薪酬满意度**：指员工对薪酬的满意程度，以及对薪酬的哪些方面存在不满意的情况。

（2）企业外部环境

企业外部环境因素分析，主要是通过薪酬调查了解当前的市场薪酬水平、薪酬变化趋势和竞争对手的薪酬支付水平等。

◆ **市场薪酬水平**：指市场中包括基准职位的市场薪酬水平和分布、该职位的平均薪酬水平、最高水平和最低水平、该职位薪酬水平分布最集中的区域及该职位薪酬的一般构成比例等。

◆ **薪酬变化趋势**：根据市场中的薪酬既往变化情况，对未来的薪酬变化做评估，即对薪酬是呈增长或下降趋势做判断。

◆ **竞争对手的薪酬支付水平**：指掌握目标企业目前薪酬支付水平、薪酬总额及关键岗位的薪酬水平等信息。

8.1.3　编制薪酬预算的方法

企业编制薪酬预算的方法主要有两种：一种是自下而上法；另一种是自上而下法。不同的编制方法，具备不同的风格特点。

（1）自下而上法

自下而上指根据企业的组织结构，由下至上地对员工薪酬进行预测，然后对数据进行汇总，得到整个企业薪酬预算总额的一种方法。图8-1所示为自下而上法的示意图。

自下而上法首先对企业的每一位员工在未来一年的薪酬预算进行估计，然后计算出整个部门所需要的薪酬支出，最后汇集所有部门的预算数字，编制出企业整体的薪酬预算。

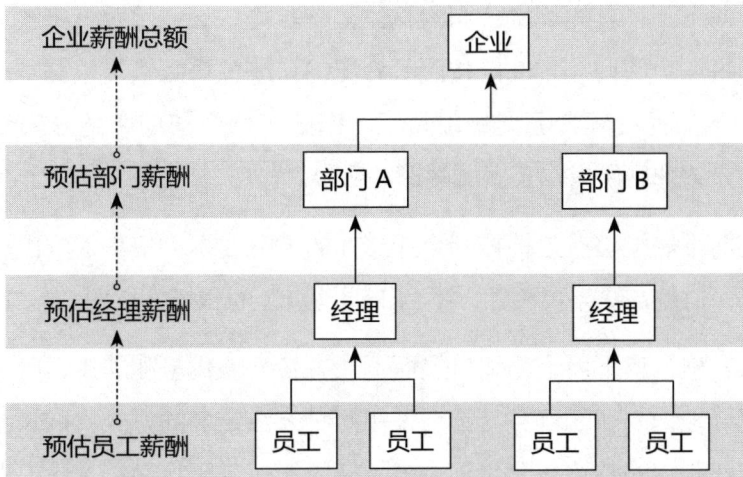

图 8-1

　　编制者做薪酬预算时只需要按照企业既定的调薪原则对员工薪酬进行调整估算即可。自下而上编制法不受薪酬总额的控制和约束，比较实际、灵活，但很可能出现薪酬总额预算过高的情况。

（2）自上而下法

自上而下法与自下而上法则相反，图 8-2 所示为自上而下法示意图。

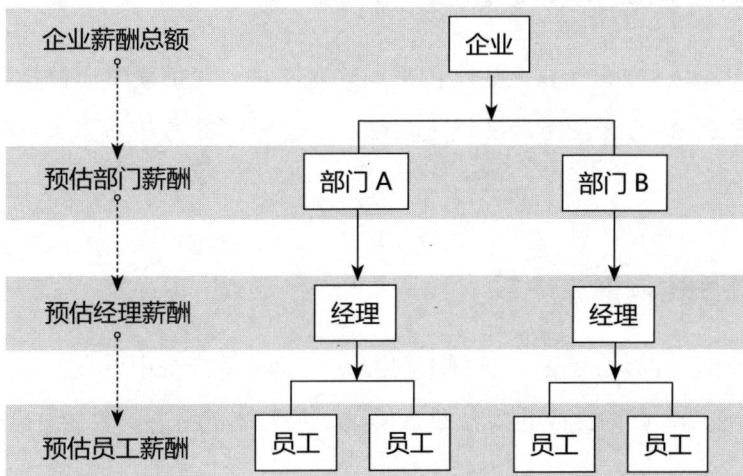

图 8-2

自上而下法，首先确定公司的整体薪酬预算总额，然后再将整个计划数目分配到每一个部门。各部门按照所分配的薪酬预算数额，根据本部门内部的实际情况，将数额分配到每位员工。因此，每个部门所能分配到的薪酬总额，也是该部门所有员工薪酬数额的极限。

自上而下法能够有效地控制企业总体的薪酬成本，使其很难出现超出预算的情况，但是却缺乏灵活性，不利于调动员工的积极性。

可以看出，自下而上法和自上而下法有各自的优势和缺点，所以很多企业为了更好地编制薪酬预算常常会采用两种方法结合的方式，取长补短。首先根据企业制定的整体薪酬预算决定各部门的薪酬预算额；然后根据企业规定的增资准则预测个别员工的增薪幅度；最后比较这两步得出的结果，确保员工的增资符合部门的薪酬预算额。如果两者之间的差异较大，就要适当调整部门的计划额。

8.2
薪酬预算总额的推算方法

薪酬预算总额的计算方法比较常用的有 4 种，包括薪酬比例推算法、劳动分配率法、盈亏平衡推算法及人员编制法，不同的方法适用于不同行业和类型的企业。

8.2.1　薪酬比例推算法

薪酬比例推算法是根据薪酬比例推算合理的薪酬费用总额。在众多的薪酬预算方法中，薪酬比例推算法是最简单、最基本的分析方法之一。

薪酬比例推算法尤其适用于经营业绩比较稳定的企业，可以利用企业过往的经营业绩数据，推算出企业适合的薪酬比例，从而对企业未来的薪酬总额做出合理的预算评估。但是，如果企业自身的经营状况不佳、数据不准，则可以参考行业中的一般水平，从而确定合理的薪酬比例。

薪酬比例推算法计算薪酬预算额的公式如下。

薪酬预算额＝本年度销售预算总额×上年度薪酬费用比例

其中，上年度薪酬费用比例＝上年度薪酬总额÷上年度销售总额

上年度薪酬费用比例可以进一步推算，结果如下。

上年度薪酬费用比例＝薪酬总额÷销售额＝（上年度薪酬发生总额÷员工人数）÷（上年度销售额÷员工人数）＝人均薪酬额÷人均销售额

能够看出，薪酬费用比例实际上是企业对员工人均发放的薪酬额与企业人均产生的销售额之间的比例。也就是说，薪酬比例推算法的原理，其实是保持企业在产生一定数量销售额的情况下，对员工支付的薪酬额的比例维持稳定。

| 范例解析 | 　用薪酬比例推算法计算某公司2020年度薪酬预算额

某公司2019年的销售额为500万元，而2019年公司的薪酬发放总额为100万元。公司2020年年度预算销售额为600万元，则本年度的薪酬预算额应该是多少？

按照薪酬比例推算法，本年薪酬预算额的计算过程如下。

2020年度薪酬预算额＝600×（100÷500）＝120（万元）

需要注意的是，薪酬费用比例随着行业特点和企业规模的不同而存在差异。比如规模较大的企业和规模较小的企业相比，由于存在规模效应，规模较大的企业的薪酬比例通常会比较低；相对于劳动密集型行业，资本密集型行业由于资本金额和劳动力数量的差异较大，薪酬比例通常也会比较低。

8.2.2　劳动分配率推算法

劳动分配率推算法是以劳动分配率为基础，根据一定的目标用人费，推算出企业所需要达到的目标销货额，或根据一定的目标销货额，推算出可能支出的用人及用人费总额（按比例确定薪酬总额）增长或减少幅度。

劳动分配率的计算公式如下。

劳动分配率=薪酬总额÷附加价值×100%

所以，劳动费赔率法实际上是指企业获得的附加价值中占比份额有多少能用于员工的薪酬分配。

附加价值是指企业本身所创造的价值，它是从企业生产价值中扣除从外部购买材料或动力的费用之后，附加在企业上的价值。附加价值的计算方法有两种，即扣除法和相加法。

扣除法：附加价值=销售净额－外购部分=销售净额－当期进货成本（直接原材料+购入零配件+外包加工费用+间接材料）

相加法：附加价值=利润+人工成本+其他形成附加价值的各项费用=利润+人工成本+财务费用+租金+折旧+税收

合理的人工费用率=人工费用÷销货额×100%=（净产值÷销货额）×（人工费用÷净产值）×100%=目标附加价值率×目标劳动分配率×100%

8.2.3　盈亏平衡推算法

盈亏平衡推算法也被称为量本利推算法，指根据企业产品的产量、运营成本和产生的利润三者之间的相互作用关系，来控制成本、预测利润的综合分析方法。

利用盈亏平衡法推算薪酬预算总额，首先要利用盈亏平衡分析计算出企业销售额的盈亏平衡点。当企业的实际销售额高于盈亏平衡点销售额时，企业就盈利；当企业的实际销售额低于盈亏平衡点销售额时，企业就亏损。图 8-3 所示为盈亏平衡点示意图。

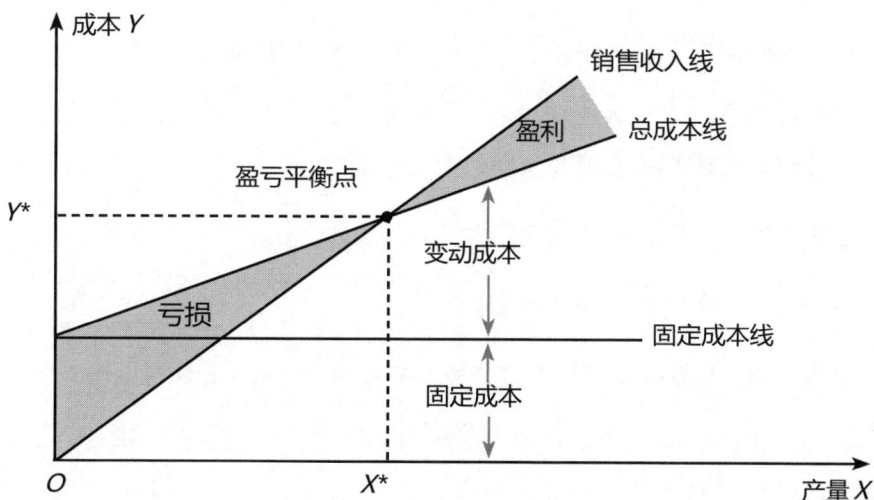

图 8-3

另外，还需要确定企业的安全盈利点销售额。安全盈利点销售额指的是当企业在达到这个销售额的情况下，不仅能够确保股东的权益，还能够应对企业可能遭受的风险和危机的销售额。

盈亏平衡推算法计算薪酬预算的公式如下。

薪酬预算额=本年度销售预算总额×合理的薪酬费用比率

其中，最低薪酬费用比率≤合理的薪酬费用比率≤最高薪酬费用比率。

最高薪酬费用比率=上年度薪酬总额÷盈亏平衡点销售额×100%

最低薪酬费用比率=上年度薪酬总额÷安全盈利点销售额×100%

8.2.4　人员编制推算法

人员编制法是在企业人员编制的基础上，根据员工的平均薪酬水平对薪酬总额进行推算的一种预算方法。

人员编制法推算薪酬总额公式。

薪酬总额预算＝标准编制×平均薪酬水平

人员编制法推算从操作步骤上来看比较简单，分为 3 个步骤。

①统计企业内当前各个岗位的平均薪酬，预测下一年度薪酬增幅，确定下一年度企业整体薪酬增幅及各岗位薪酬增幅。

②确定下一年度各岗位人员编制情况。

③预算下一年度企业薪酬总额。

薪酬总额＝∑各工资等级平均薪酬×职工编制×（1＋薪酬增幅）

因为人员编制法相较于其他方法来看比较粗略，结果并不准确，因此人员编制法适用于财务系统不够成熟，或暂时尚未盈利，业务调整幅度较大的企业。

8.3
对薪酬总额的调整

企业的薪酬体系运行一段时间后，随着企业发展战略及人力资源战略的变化，现行的薪酬体系可能不适应企业发展的需要，这时需要对薪酬总额做出调整控制，以便及时根据企业的实际发展对薪酬总额预算做出管理，以维持正常的薪酬成本开支，避免给企业带来过重的财务负担。

企业薪酬总额的调整方式有许多，包括薪酬模式上的调整，以及企业管理策略上的调整。尤其是薪酬模式上的调整，操作难度更大、涉及的范围更广，主要包括 3 个方面，即薪酬水平调整、薪酬结构调整和薪酬比例调整。

8.3.1 从薪酬水平方面做调整

薪酬水平调整指企业薪酬在薪酬结构、薪酬构成等不变化的情况下，对薪酬水平进行调整的过程。薪酬水平调整包括企业薪酬整体调整、部分薪酬调整及个人薪酬调整 3 个部分。

（1）企业薪酬整体调整

薪酬整体调整是指公司根据国家政策和物价水平等宏观因素的变化、行业及地区竞争状况、企业发展战略变化、公司整体效益情况及员工工龄和司龄变化等，而对公司所有岗位人员进行的调整。这是比较常见的薪酬调整方法之一，例如生产制造型企业，在一线技工短缺的情况下，需要结合市场水平整体进行上浮，以确保人员的招募、保留和企业的正常运转。

简单来说，薪酬整体调整就是从整体的角度调高或调低企业内所有岗位和任职者的薪酬水平，调整方式一般有以下 3 种。

◆ 等比例调整

等比例调整是所有员工都在原工资基础上增长或降低同一百分比。

例：员工 A 月工资 3 000 元，员工 B 月工资 5 000 元，公司实行等比例调整薪酬策略，所有员工在原工资基础上增长 5%。那么员工 A 和员工 B 的月工资计算如下。

员工 A 月工资 =3 000+3 000×5%=3 150（元）

员工 B 月工资 =5 000+5 000×5%=5 250（元）

可以看出，等比例调整使所有员工的工资都等比例改变，使工资高的员工调整幅度大于工资低的员工，这样的薪酬调整方式能够对企业内的所有员工产生同样的激励作用。

◆ 等额度调整

等额度调整相比等比例调整更为简单、直接，即直接对所有员工增加或减少同额工资。

例：员工A月工资3 000元，员工B月工资5 000元，公司实行等额度调整薪酬策略，所有员工在原工资基础上增长200元。那么员工A和员工B的月工资计算如下。

员工A月工资=3 000+200=3 200（元）

员工B月工资=5 000+200=5 200（元）

等额度调整虽然操作简单便捷，但却难以体现出企业中的岗位差异，即核心岗位与一般岗位的激励额度相同，这样容易引发企业内员工的不满，尤其是核心技术人才。

◆ 综合型调整

综合型调整办法是实际企业薪酬调整中较常运用的方法，它集合了等比例调整和等额度调整的优点，即对公司中的同一职务级别的岗位调整幅度相同，不同职务级别的岗位调整幅度不同。其中，职务级别越高的薪酬调整幅度越大，职务级别越低的薪酬调整幅度越低。这也体现出了权、责、薪的统一性。

但是，还需要注意一些特殊情况下的公司整体性薪酬调整。如果是因为物价上涨等因素调整薪酬，应该采用等额式调整，一般采取增加津贴、补贴项目数额的方法；如果是因为外部竞争性及公司效益进行调整，应该采用等比例调整法或综合调整法，一般都是通过调整岗位工资来实现；如果是因为工龄因素进行调整，一般采取等额式调整，对司龄工资或津贴进行调整。

（2）部分薪酬调整

部分薪酬调整指企业根据自身的经营情况、盈利效益、部门或个人业绩情况、人力资源市场价格变化及行业情况变化等，对企业中的某一类岗位进行薪酬调整，也可以是某一部门的员工或符合一定条件的员工。

部分薪酬调整实质上就是根据企业或岗位的实际变化情况而做出的针对性调整，这在企业薪酬变化中也比较常见，如下例所示。

| 范例解析 | 某化工公司部分岗位员工工资调整报告

某化工公司部分岗位员工工资调整通知

为进一步完善企业薪酬制度，激励员工在本岗位上兢兢业业工作，创造更高的经济效益，同时考虑到生活成本增加，特对部分员工岗位工资进行调整。

结合2020年本公司实际经营情况，本次岗位工资调整根据各岗位以往工资结构及各岗位人员文化、技能、知识、经验及岗位职责，以一定的比例增加或对个别人员适量调整，同时侧重技术岗位的薪酬调整，经公司会议决议，调整结果如下。

一、本次调整工资待遇的人员范围主要指公司生产线工人、锅炉工人、技术人员及部分后勤人员。

二、对原"薪资等级结构表"中的绩效基数进行了调整，技术人员绩效基数由原来的1.05调整为1.08；生产线工人绩效基数由原来的1.02调整为1.05；锅炉工人绩效基数由原来的0.98调整为1.01。

三、根据新的"薪资等级结构表"将技术人员工资等级调整为18级，生产线工人工资等级调整为20级，锅炉操作工人工资等级调整为22级。其他人员工资等级如有进行调整的，综合部人事将另行通知本人。

四、试用期人员工资不做调整及公司其他岗位未进行调整的请参照调整后的"薪资等级结构表"。

五、各薪酬调整人员2021年1月份工资按新标准核算。

（3）个人薪酬调整

个人薪酬调整很好理解，指个别员工由于在岗位工作中的突出表现，为公司发展做出重要贡献而给予工资调整，或者是个别员工在岗位工作中的重大失误给公司造成了重大损失而给予的工资调整。

8.3.2　从薪酬结构方面做调整

随着企业的长期运营和发展，企业中的组织结构随之发生变化，使得原本的薪酬结构不再适用，尤其是企业组织结构扁平化趋势下，企业内的职务等级数量大幅减少，所以不得不对企业中的薪酬结构做出调整和改变。

一般情况下，企业的薪酬结构调整通过调整各岗位工资基准等级就可以实现不同岗位、不同层级薪酬差距的调整要求了。具体做法如下所示。

①薪酬等级数的调整。当企业内原有的薪酬等级数过少时，企业中各个职位的价值并不能够完全体现，所以可以进一步对各个岗位进行细化，增加薪酬的等级数量。这样的方式比较适合规模较大、职位等级层次多、工作规范且弹性较低的企业。

②薪酬等级幅度的调整。除了对等级数做调整之外，还可以对等级幅度进行调整，当企业内某些岗位的工作内容和职责发生变化，或某个工种的操作方式、技术要求发生变化，可以考虑调整原有的薪酬等级线。通常当工作和技术要求提高时，可延长薪酬等级线；相对地，当工作和技术要求降低时，可缩短薪酬等级线。

但是，当企业发展变化较大时，薪酬等级调整可能难以满足发展要求，就需要对公司的薪酬结构进行重新调整设计。薪酬结构的调整设计包括薪酬职等数量设计、职等薪酬增长率设计、薪级数量设计及薪级级差设计等各方面。

尤其需要注意的是，薪酬结构的调整设计涉及的内容较多，工作量较大，且要充分考虑薪酬结构变化的趋势和要求，这样大的薪酬变化容易引发员工的不满情绪。因此，薪酬结构的重新设计与调整要慎重，不到万不得已，不要轻易实施。

8.3.3　从薪酬比例方面做调整

薪酬比例调整就是调整员工固定工资、绩效工资、奖金及津贴补贴之间的比例关系。薪酬比例调整的方式分为横向比例调整和纵向比例调整。

（1）横向比例调整

薪酬分为固定薪酬和浮动薪酬，调整薪酬比例就是调整这两项的比例高低。很多企业都希望能够在薪酬比例调整中，找到激励员工的最佳比例，但这种调整的难度往往也最大。

固定薪酬和浮动薪酬的特点和作用不同，固定薪酬保障员工基本生活水平，浮动薪酬对员工起到激励作用，如果能够让两者保持适当的比例有助于提高薪酬绩效。

虽然各个企业所在行业和岗位性质不同，因此薪酬比例设置存在不同，但是通常可以将岗位分为：管理序列、职能序列、营销序列、技术序列和生产序列，各个序列中的固定薪酬和浮动薪酬存在一定的规律，具体如表 8-1 所示。

表 8-1　各序列岗位的薪酬比例设置特点

岗位序列	特点	比例配置
管理序列	主要指在企业中从事以企业管理和经营为主的员工，他们属于企业的核心人才，应该将他们的利益与企业经营直接挂钩	非销售类型的企业通常采用高固定低浮动的比例配置，销售类型的企业则通常采用高浮动低固定的比例配置
职能序列	指企业中比较传统的、必需的岗位，例如行政人事和财务	高固定低浮动的比例配置
营销序列	指工作带有销售、业务或市场拓展等性质的岗位，这类岗位需要的激励性较强	采用低固定高浮动的比例配置，其中浮动工资随着岗位层级越高，比例越大

续上表

岗位序列	特点	比例配置
技术序列	指企业中从事技能工作的员工，例如研发类、科技类及质量类岗位等	高固定低浮动配置比例
生产序列	指企业中从事生产操作的员工	通常与企业生产产品特性联系，长线产品合适高固定低浮动配置比例，短线产品适合低固定高浮动配置比例

| 范例解析 | 某公司薪酬调整方案

某公司薪酬调整方案

1.公司薪酬调整原则

本着保证员工原有的薪酬水平，特别是低薪人员的收入水平不降低的原则，通过调整薪酬结构和比例的方式对员工工资进行调整。

2.具体调整方法

（1）调整企业内部的薪资结构。

（2）调整员工的薪资构成比例，体现以岗位和职务为基础，按照贡献和绩效支付劳动报酬的原则。

3.明确以"岗位工资+津贴补贴+绩效工资"为主的薪资制度。

4.调整后的员工薪资结构为：

员工薪资=岗位工资+技能津贴（学历、职称、工龄）+补贴（法定补贴、企业福利）+奖励（月奖、业绩奖）

5.将固定工资（岗位工资、技能津贴和补贴）与浮动工资的比例（40%与60%）进行了调整，调整后固定工资（岗位工资、技能津贴和补贴）与浮动工资的比例为70%和30%。

6.岗位工资

公司采用统一的五类定级法，即打乱公司行政隶属界限，将企业的正式员工分为不同的岗位等级，具体如下所示。

（1）管理人员分为5个职务等级。

（2）专业人员分为4个岗位等级。

（3）业务人员分为3个岗位等级。

（4）事务人员分为2个岗位等级。

（5）操作人员分为2个岗位等级。

各类岗位职务之间经对应交叉后，合并为10个薪资等级。

7.技能津贴

有两个因素促使本次薪资调整必须降低技能因素在薪资中的作用：其一是突出岗位薪资和绩效薪资的比重；其二是原有薪资中，政策性补贴的占比较重，所以采取以下方式做调整。

（1）将技能薪资分为两部分，50%左右纳入岗位薪资中；另50%作为技能津贴处理。

（2）技能津贴中包括学历、职称和工龄3个因素，分别确定等级和工资级差。

8.补贴

本着尊重历史薪资的原则，除水电、书报补贴在岗位薪资中考虑不计之外，其余的物价补贴费、开发费、交通补贴、住房补贴和医疗补贴都归入补贴项目，数额不变。

9.奖金

公司月度奖金按照岗位奖金系数分配，主要体现岗位和职务间的差别，季度末和年度末结合业绩考评，按照业绩和贡献分配奖金。

案例中的薪酬调整方案属于横向比例调整，公司在调整了薪酬结构的基础上，改变了固定薪酬和浮动薪酬的占比情况，让员工的岗位工资、技能津贴和补贴得到了提升，也使员工的工资更符合企业的岗位特点。为了使岗位工资差幅更明显，还根据各岗位的性质特点加入了职务层级。

（2）纵向比例调整

纵向比例调整指的是不同薪酬等级人员比例的调整。调整企业内高、中、低不同薪酬等级员工的比例，是薪酬调整的重点。不论是薪酬水平的调整还是薪酬结构的调整，最终的结果都是改变了企业内高、中、低不同薪酬等级的比例。

| 范例解析 | 某公司销售部门薪酬调整方案

某公司销售部门薪酬调整方案

为增强公司竞争力，提高市场占有率，增强企业效益，充分调动销售部业务人员的工作积极性，结合公司当前的盈利状况和市场行情，公司对销售部门的薪酬做了相应的调整。

一、调整后的薪酬结构

销售人员工资=基本工资+绩效工资+业绩提成+激励奖+费用津贴+福利补贴

在原有的基础上添加了激励奖和福利补贴项目，使员工薪酬项目涉及面更广，辐射福利更全面。

二、薪酬项目的说明

1.基本工资：是为了给市场营销人员带来一定的稳定感，避免人员流动频繁，从而留住优秀业务人员，打造稳定的销售团队。基本工资每月发放。

2.绩效工资：绩效工资采取与销售额、回款指标挂钩的方式进行，销售额和回款率按年度考核，年终统一发放。

3.销售提成：是对销售人员销售业绩及回款情况的具体体现，按照销售额每月发放一次。

4.激励奖：指销售人员对企业有突出贡献而特设的一种奖励形式，核定相关指标，每季度发放。

5.费用津贴：使销售人员有可能开展必要或需要的推销工作。包括：差旅费、业务接待费、交通费及通信费等。

6.福利补贴：是用于提供安全感和工作满足感的，如带薪休假、餐费补贴及体检等。

三、基本工资

根据市场物价增加情况，对销售部门中各层级的销售人员的基本工资进行了调整，各层级增加200元基本工资，调整后的基本工资如下。

1.试用期人员：1 000元。

2.初级销售人员：1 500元。

3.中级销售人员：1 800元。

4.高级销售人员：2 100元。

四、绩效工资

根据年度考核结果进行发放，具体发放标准如下。

1.完成年度目标，提成比例2%。

2.超出年度目标20%，提成比例3%。

3.超出年度目标50%及以上，提成比例5%。

五、业绩提成

根据产品利润的市场变化，对相应的业务目标及提成比例进行了相应的调整，调整后的标准如下。

1.5万元及以下，提成3%。

2.5～8万元（包括8万元），提成5%。

3.8～10万元（包括10万元），提成6%。

4.10万元以上，提成7%。

六、激励奖

1.对新客户的拓展有突出贡献的，一次性奖励1 000元～2 000元。

2.年度应收回款率达到100%者，一次性奖励300元。

七、费用津贴

根据费用发生情况进行实报实销。

八、福利补贴

1.试用人员享受公司的试用期员工基础福利。

2.初级销售人员、中级销售人员及高级销售人员享受公司正式员工的所有福利待遇。

案例中的薪酬比例调整策略与之前介绍的横向比例调整存在明显差异。案例中的薪酬比例调整是根据销售部门中的员工岗位层级特点，纵向调整了员工的工资额度和比例，从而改变了员工的薪酬水平。虽然结果都是改变了企业中员工的薪酬比例，但操作上却存在区别。

8.3.4 从企业管理形式上调整薪酬总额

除了从薪酬模式上做调整改变薪酬总额之外，还可以从企业管理策略上调整薪酬总额。

从企业管理上调整薪酬总额，首先我们要明白，虽然影响薪酬总额的因素有很多，但其中最为关键且最应该管理的有两点，即员工数量和薪酬总额增长机制。

（1）合理控制企业的员工数量

企业的员工数量过多，必然造成人力冗余，企业用工成本过高，会给企业带来经济负担。因此，有必要严格控制企业的员工数量。

控制企业员工数量分为两个部分，规划企业中的员工数量和建立科学的用人标准。

第一步，规划企业中的员工数量

规划企业中的员工数量是根据企业战略计划对未来业务规模情况所做出的人力资源控制。它包括了对企业中各职类、职能人数的确定。规划企业中员工数量的方法有 6 种。

◆ 量化模型计算法

量化模型计算法指员工的数量是以科学的需求预测量化模型计算出来的。以定量为主的建模预测方法来计算员工数量，增加了预测的准确性。

例：医院的人员编制总额是依据有关主管部门核准的床位数，按照一定的人员编制标准核定的。

计算公式为：$M = +[(B-B_{min}) \div (B_{max}-B_{min})] \times (Y_{max}-Y_{min}) \times B+A_1+A_2+\cdots\cdots+A_n$

其中，M——核定人员编制总数；B——核定床位数；B_{max}——规定该等级意愿床位数的上限；B_{min}——规定该等级医院床位数的下限；Y——编制常数平均值；Y_{max}——该等次常数上限；Y_{min}——该等次常数下限；A_1，A_2，$\cdots$，A_n——医院其他附属编制。

◆ 企业历史数据分析法

企业历史数据分析法指根据企业的历史数据，包括企业的财务数据和人力资源数据，再结合企业未来的战略目标，对企业的员工数量进行计算。历史数据分析法中，尤其需要对过往的利润、销售、销量及市场占有率等数据进行分析。

◆ 生产操作流程法

生产操作流程法比较适合生产型企业，根据企业业务生产流程的需要，确定各个职务岗位，再结合生产产品的数量和效率，确定各个生产岗位的员工数量。

◆ 依照工作效率确定员工数量

工作效率确定员工数量指根据产品数量、时间定额及员工工作效率等因素来计算员工数量的方法。

例：一家企业每月生产产品任务量在1 000 000件，平均每位员工每日每小时生产30件，一天一位员工可以生产240件。以每月22天进行估算，该企业需要的生产型员工数量。

员工数量=1 000 000÷（240×22）≈189（人）

◆ 比例法计算员工数量

在同一类行业中，由于岗位之间存在专业化的分工和协作，所以通常某一类员工与另一类员工之间存在一定的比例关系，因此某一类人员的数量会随着另一类员工的人数变化而变化。

例：学校中的教职工数量与学生数量之间存在一定的比例关系，当学校中的学生数量发生变化时，教职工数量也会相应变化。表8-2所示为中小学班教职工数量配备比例。

表8-2 中小学班教职工数量配备比例

学校类别	地域	班额	教职工	教师	职工	教职工与学生之比
小学	城市	40 ~ 45	2.1 ~ 2.4	1.8	0.3 ~ 0.6	1:19
	县镇	40 ~ 45	1.9 ~ 2.1	1.8	0.1 ~ 0.3	1:21
	农村	36 ~ 45	1.8	1.7	0.1	1:24.5
		26 ~ 35	1.5	1.4	0.1	1:24.5

续上表

学校类别	地域	班额	教职工	教师	职工	教职工与学生之比
初中	城市	45 ~ 50	3.3 ~ 3.7	2.7	0.6 ~ 1	1:13.5
	县镇	45 ~ 50	2.8 ~ 3.1	2.7	0.1 ~ 0.4	1:16
	农村	45 ~ 50	2.5 ~ 2.8	2.7	0.1	1:17.5
高中	城市	45 ~ 50	3.6 ~ 4	3	0.6 ~ 1	1:12.5
	县镇	45 ~ 50	3.5 ~ 3.8	3	0.5 ~ 0.8	1:13
	农村	45 ~ 50	3.3 ~ 3.7	3	0.3 ~ 0.7	1:13.5

◆ 标杆对照法

标杆对照法指参照行业内的标杆企业了解其岗位数标准值，再结合企业自身的特性确定岗位人数。企业在没有行业标杆的情况下，可以以同行或竞争对手的员工编制情况来确定企业自身的员工数量。

使用标杆对照法时，要注意强调结合企业自身的实际情况，因为不同的企业，其管控模式、工作流程及服务类型存在差异，所以不能直接照搬使用。

第二步，建立科学的用人标准

确定了员工数量之后，还要保证员工的质量，所以企业需要建立科学的用人标准，合理增减员工数量，避免薪酬成本的浪费。员工质量管理方法主要有以下几种。

①建立员工培训机制，通过定期或不定期的员工培训计划提高员工的技能和能力，从而提高员工工作效率，避免冗员情况发生。

②建立员工绩效考核，并设置员工淘汰机制，对不适合的员工进行转岗或淘汰。

③鼓励各个部门减少员工数量，但不能降低工作质量和效率。如果部门减员后能提升工作效率的，则考虑提升绩效工资。

④部门提出人员扩充要求时，先进行内部审核，不立即对外招聘。例如，对企业内的管理岗位，可以优先考虑企业内的基层员工；基层岗位空缺时，可优先考虑内部调配。

⑤加强试用期员工的管理，对不符合的员工要尽早辞退，避免因试用期拖延而引发法律风险或导致用工成本增加。

⑥加强合同管理，对合同到期、绩效不达标的员工及时终止劳动合同。

总结来看，员工数量管理就是要求，企业在精简员工数量的基础上，还要保持员工工作的高效，即用最少的人，花费最少的用工成本，得到更高的劳动生产效率。

（2）薪酬增长机制的管理

薪酬增长机制指对企业中的薪酬总额和员工个人薪酬的增长幅度进行管理和控制，避免涨速过快、涨幅过大给企业带来经济负担，也避免涨速过慢、涨幅过低造成人员流失。

薪酬增长机制管控包括两个方面，即薪酬增长总额的管理和薪酬增长幅度的管理。

◆ 薪酬增长总额的管理

薪酬总额增长机制的管理应该与企业经济效益直接联系，根据产出效益分析，建立人工成本约束机制，从而有效控制企业人工成本的增长。计算公式如下所示。

企业效益薪酬=（本年度薪酬基数+本年度新增薪酬）×增长比例

本年度增人产生的薪酬=企业统筹人均薪酬×本年度净增平均人数

本年度净增平均人数＝（年初人数＋年末人数）÷2－年初人数

◆　薪酬增长幅度的管理

对员工个人工资增长幅度的管理，主要是根据该岗位在市场中的行情变化情况、员工的个人劳动贡献价值和个人能力情况来确定。通常，企业经营发展急需的高度紧缺型人才且市场价位较高的员工工资涨幅较大，涨速较快。

相对的，企业工资水平高于市场价位的简单劳动岗位，其员工增薪的幅度较小，涨速较慢。但是，在这类岗位中，贡献较大的员工增薪较快，贡献较小的员工增薪较慢，甚至可能出现降薪的情况。

薪酬增长幅度的管理具体落实到企业员工的薪酬增长策略中时，常常通过绩效考核来实现。因为通过员工的绩效考核成绩能够简单、直接地看出员工个人对企业的贡献价值，以及该岗位的价值。

| 范例解析 |　某公司员工加薪方案

某公司员工加薪方案

为加强公司对员工工资报酬的管理，完善公司的薪资管理体系，便于工资激发员工的工作积极性，员工的薪酬水平应随岗位、职位和业绩的变动而做出相应的调整，特制定本方案。

一、适用范围

在公司工作满3个月，与公司签订正式劳动合同的员工。特殊情况如需调整，需总经理批准。

二、基本工资调整方案

（1）对于年度绩效考核综合评定为差的员工，在第二年重新核薪时，基本工资保持不变。

（2）对于年度绩效考核综合评定为称职的员工，在第二年重新核薪时，基本工资上浮0~5%。

（3）对于年度绩效考核综合评定为良好的员工，在第二年重新核薪时，基本工资上浮5%～10%。

（4）对于年度绩效考核综合评定为优秀的员工，在第二年重新核薪时，基本工资上浮10%～15%。

三、绩效考核评定

公司将于每年4月份依据年度绩效考核结果的不同等级，将员工的收入进行相应的调整，从而达到奖优惩差的目的，标准如下。

（1）年度绩效考核综合评定90分以上为优秀，基本工资上浮10%～15%。

（2）年度绩效考核综合评定70～89分为良好，基本工资上浮5%～10%。

（3）年度绩效考核综合评定60～69分为称职，基本工资上浮0～5%。

（4）年度绩效考核综合评定60分以下为差，基本工资均保持不变。

第九章

薪酬发放：
员工工资的计算与发放

薪酬的发放是薪酬管理的关键，也是员工关注的重点，一方面需要企业精准计算员工的工资数额，另一方面要求企业准时发放。这看起来似乎很简单，但其中牵涉到的内容却极为丰富。

9.1
发工资前的一些基础事项

发工资不能着急，因为工资与员工的利益直接相关，所以要最大程度地避免纰漏。管理人员在正式发放员工工资之前需要对发放工资的一些基础且必要的事项有所了解。

9.1.1　制作一份标准的工资表

工资表是员工当月劳动所得的工资明细，企业给员工发放工资都是凭借编制的员工工资表来进行核算。通常工资表应该编制一式三份，一份由劳动工作部门存查；一份交由员工查看保管；一份则交由财务部门作为工资核算凭证。

一张完整且标准的工资表应该能体现出工资的构成，包括基本工资、绩效工资、奖金、社保、公积金和个人所得税等，这些数据都要能够通过工资表进行直观地查看。

除此之外，工资表还具有其他一些重要作用，具体如下。

①工资表是员工作为企业内在职员工的收入证明和其他明细证明，是一种凭证。

②工资表能够证明员工与用人单位之间的劳动关系，一旦发生劳动纠纷，可以作为证据。

③劳动法规定用工单位每月至少支付劳动者一次工资，不得推迟支付工资，工资表可以作为员工在这个公司的收入证明及其他明细证明，还能够监督企业及时发放工资，是一种凭证；而且工资表还能比较全面地反映员工每月工资总额，是否低于最低工资标准，以及五险一金等情况。

工资表的制作非常简单，可以直接利用 Excel 快速制作工资条、工资明细表，既减轻工作负担，又提高工作效率。如表 9-1 所示为工资表模板。

表 9-1　工资表模板

姓名	证件号码	工资年月	基础工资	各类津贴	薪资补发	加班	病假	事假	其他	当月工资	个人社保小计	当年本月前累计五险一金	免税额	当年本月前累计免税额	累计专项附加扣除	累计预缴纳应纳税所得额

9.1.2　注意最低工资标准

为了维护劳动者取得劳动报酬的合法权益，保障劳动者个人及其家庭成员的基本生活，国家劳动和社会保障部 2003 年 12 月 30 日推行了《最低工资规定》，从 2004 年 3 月 1 日起开始施行。

因此，企业相关管理人员必须对最低工资标准的相关规定和内容有所了解，以免触犯相关法律规定。

如图 9-1 所示为《最低工资规定》。

图 9-1

除了对员工最低工资的发放条件和内容等做了规定之外，文件还对最低工资的标准测算方法进行了规定。企业可以根据该方法测算出当地的最低工资情况。

如图 9-2 所示为最低工资测算方法。

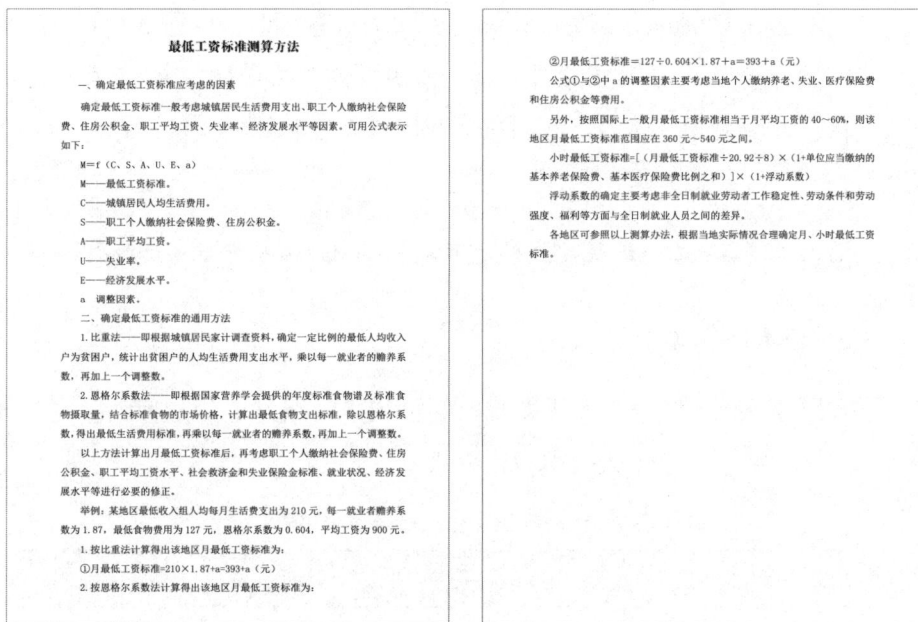

最低工资标准测算方法

一、确定最低工资标准应考虑的因素

确定最低工资标准一般考虑城镇居民生活费支出、职工个人缴纳社会保险费、住房公积金、职工平均工资、失业率、经济发展水平等因素。可用公式表示如下：

M=f（C、S、A、U、E、a）

M——最低工资标准。

C——城镇居民人均生活费用。

S——职工个人缴纳社会保险费、住房公积金。

A——职工平均工资。

U——失业率。

E——经济发展水平。

a——调整因素。

二、确定最低工资标准的通用方法

1. 比重法——即根据城镇居民家计调查资料，确定一定比例的最低人均收入户为贫困户，统计出贫困户的人均生活费用支出水平，再以每一就业者的赡养系数，再加上一个调整数。

2. 恩格尔系数法——即根据国家营养学会提供的年度标准食物谱及标准食物摄取量，结合标准食物的市场价格，计算出最低食物支出标准，除以恩格尔系数，得出最低生活费用标准，再乘以每一就业者的赡养系数，再加上一个调整数。

以上方法计算出月最低工资标准后，再考虑职工个人缴纳社会保险费、住房公积金、职工平均工资水平、社会救济金和失业保险金标准、就业状况、经济发展水平等进行必要的修正。

举例：某地区最低收入组人均每月生活费支出为210元，每一就业者赡养系数为1.87，最低食物费用为127元，恩格尔系数为0.604，平均工资为900元。

1. 按比重法计算出该地区月最低工资标准为：

① 月最低工资标准=210×1.87+a=393+a（元）

2. 按恩格尔系数法计算得出该地区月最低工资标准为：

② 月最低工资标准=127÷0.604×1.87+a=393+a（元）

公式①与②中a的调整因素主要考虑当地个人缴纳养老、失业、医疗保险费和住房公积金等费用。

另外，按照国际上一般月最低工资标准相当于月平均工资的40%～60%，则该地区最低工资标准范围应在360元～540元之间。

小时最低工资标准=[（月最低工资标准÷20.92÷8）×（1+单位应当缴纳的基本养老保险费、基本医疗保险费比例之和）]×（1+浮动系数）

浮动系数的确定主要考虑非全日制就业劳动者工作稳定性、劳动条件和劳动强度、福利等方面与全日制就业人员之间的差异。

各地区可参照以上测算办法，根据当地实际情况合理确定月、小时最低工资标准。

图 9-2

9.1.3　如何计算个人所得税

个人所得税是调整征税机关与自然人（居民个人、非居民个人）之间在个人所得税的征纳与管理过程中所发生的社会关系的法律规范的总称。缴纳个人所得税是每个公民应尽的义务，但不是所有人都需要缴纳个人所得税。

哪些员工需要缴纳？且需要缴纳个人所得税的员工应缴纳多少呢？这是企业和员工都应重点关注的内容。简单总结下来，个人所得税主要包括以下几个要点问题。

（1）个人所得税起征点

个人所得税起征点确定为每月5 000元。新个税法规定：居民个人的综合所得，以每一纳税年度的收入额减除费用六万元及专项扣除、专项附加扣除和依法确定的其他扣除后的余额，为应纳税所得额。

专项附加扣除指的是，在计算综合所得应纳税额时，除了 5 000 元起征点和"三险一金"等专项扣除外，还允许额外扣除的项目，如子女教育、继续教育、大病医疗、住房贷款利息或住房租金及赡养老人等六项专项附加扣除。

应纳税所得额=每一纳税年度的收入额-6万元-专项扣除-专项附加扣除

（2）个人所得税计算

国家以 5 000 元作为个人所得税的起征税点，超过部分如何计算呢？如表 9-2 所示为最新工资个人所得税税率表。

表 9-2　最新工资个人所得税税率表

工资范围	免征额	税率
5 000 元以下	5 000 元	0
5 001 元～8 000 元	5 000 元	3%
8 001 元～17 000 元	5 000 元	10%
17 001 元～30 000 元	5 000 元	20%
30 001 元～40 000 元	5 000 元	25%
40 001 元～60 000 元	5 000 元	30%
60 001 元～85 000 元	5 000 元	35%
85 001 元以上	5 000 元	45%

因此，个人所得税计算如下。

月工资处于 5 001～8 000 元，计算方式为个人所得税 =（月工资 - 5 000）×3%。

月工资处于 8 001～17 000 元，计算方式为个人所得税 =（8 000- 5 000）×3%+（月工资 -8 000）×10%。

工资处于 17 001～30 000 元，计算方式为个人所得税 =（8 000-

5 000）×3%+（17 000-8 000）×10%+（月工资 -17 000）×20%。

月工资处于 30 001 ~ 40 000 元，计算方式为个人所得税 =（8 000-5 000）×3%+（17 000-8 000）×10%+（30 000-17 000）×20%+（月工资 -30 000）×25%。

月工资处于 40 001 ~ 60 000 元，计算方式为个人所得税 =（8 000-5 000）×3%+（17 000-8 000）×10%+（30 000-17 000）×20%+（40 000-30 000）×25%+（月工资 -40 000）×30%。

月工资处于 60 001 ~ 85 000 元，计算方式为个人所得税 =（8 000-5 000）×3%+（17 000-8 000）×10%+（30 000-17 000）×20%+（40 000-30 000）×25%+（60 000-40 000）×30%+（月工资 -60 000）×35%。

月工资超过 85 000 元，计算方式为个人所得税 =（8 000-5 000）×3%+（17 000-8 000）×10%+（30 000-17 000）×20%+（40 000-30 000）×25%+（60 000-40 000）×30%+（85 000-60 000）×35%+（月工资 -85 000）×45%。

（3）个人所得税专项扣除和专项附加扣除的不同

很多人对个人所得税专项扣除和专项附加扣除了解不多，甚至将二者混为一谈。但是，两者虽然看上去比较相似，实际上却大有不同。

从概念上来看，专项扣除包括居民个人按照国家规定的范围和标准缴纳的基本养老保险、基本医疗保险、失业保险等社会保险费和住房公积金等。而专项附加扣除指的是，在计算综合所得应纳税额时，除了 5 000 元起征点和"三险一金"等专项扣除外，还允许额外扣除的项目，包括子女教育、继续教育、大病医疗、住房贷款利息或者住房租金、赡养老人等支出。

专项附加扣除项的设立，实际上是在"基本减除费用标准 5 000 元 / 月 + 三险一金免税额 + 依法确定的其他扣除"的基础上，再给居民个人增加了免税额。也就是说员工的月工资扣除社保，再扣除这些专项扣除费用，剩余金额再纳税。

根据《个人所得税专项附加扣除暂行办法》规定，专项附加扣除范围和标准如表9-3所示。

表9-3　专项附加扣除范围和标准

专项附加	扣除范围和标准
子女教育	纳税人的子女接受全日制学历教育的相关支出，按照每个子女每月1 000元的标准定额扣除
继续教育	纳税人在中国境内接受学历（学位）继续教育的支出，在学历（学位）教育期间按照每月400元定额扣除。同一学历（学位）继续教育的扣除期限不能超过48个月。纳税人接受技能人员职业资格继续教育、专业技术人员职业资格继续教育的支出，在取得相关证书的当年，按照3 600元定额扣除
大病医疗	在一个纳税年度内，纳税人发生的与基本医保相关的医药费用支出，扣除医保报销后个人负担（指医保目录范围内的自付部分）累计超过15 000元的部分，由纳税人在办理年度汇算清缴时，在80 000元限额内据实扣除
住房贷款利息	纳税人本人或者配偶单独或者共同使用商业银行或者住房公积金个人住房贷款为本人或者其配偶购买中国境内住房，发生的首套住房贷款利息支出，在实际发生贷款利息的年度，按照每月1 000元的标准定额扣除，扣除期限最长不超过240个月。纳税人只能享受一次首套住房贷款的利息扣除
住房租金	纳税人在主要工作城市没有自有住房而发生的住房租金支出，可以按照以下标准定额扣除：（一）直辖市、省会（首府）城市、计划单列市以及国务院确定的其他城市，扣除标准为每月1 500元；（二）除第一项所列城市以外，市辖区户籍人口超过100万的城市，扣除标准为每月1 100元；市辖区户籍人口不超过100万的城市，扣除标准为每月800元
赡养老人	纳税人赡养一位及以上被赡养人的赡养支出，统一按照以下标准定额扣除：（一）纳税人为独生子女的，按照每月2 000元的标准定额扣除；（二）纳税人为非独生子女的，由其与兄弟姐妹分摊每月2 000元的扣除额度，每人分摊的额度不能超过每月1 000元

可以说，个人所得税专项附加政策的推出，很大程度上减轻了纳税人的负担，尤其是工薪阶层。专项附加扣除政策能够减轻他们在教育、住房以及养老方面的经济负担。

9.2
不同周期下的薪酬支付策略

薪酬支付策略指根据不同层次、不同需求和不同重要性员工制定的不同的薪酬计算形式和支付周期的规定。薪酬支付是企业人力资源管理的重要内容，也反映出了企业对不同人才的需求和发展策略。

9.2.1　时薪——钟点工

时薪指劳动者每个小时的薪资，劳动者的工资以小时为单位进行计算和支付。在我国时薪制通常适用于钟点工，首先，因为钟点工的工作内容本身存在短时性的特点，其次雇佣方对钟点工的服务需求是短时间的，所以以时薪的方式计算劳动者工资比较合适。

| 范例解析 |　某酒店钟点工管理办法

钟点工管理办法

一、目的

为进一步提升服务质量，规范钟点工日常工作，特制定本条例。

二、职责与要求

1.职责

（1）钟点工入职后作为酒店合法用工，由酒店负责管理与安排工作。

（2）在当班工作期间如需离开酒店外出，必须向管理人员请假，同意后方可执行，否则出现一切后果及安全责任自负。

（3）必须按照酒店工作要求完成任务或职责，如在工作期间两次以上违反相关法律法规、不遵守酒店管理制度规定及未能按照酒店工作操作规范而造成相关责任的，酒店有权对其做出辞退处理并追究责任。

2.要求

（1）年龄要求：必须年满18周岁，50周岁以下。

（2）须持有本人有效身份证或户口本复印件，并提供个人体检合格证明。

（3）服从酒店相关工作安排，遵守酒店相关规章制度。

三、上班时间管理

1.长期钟点工按各分部规定上班时间执行，具体上班时段由部门安排。

2.传菜各班次：06:30～12:00；08:00～13:30；18:00～23:00；18:30～24:00；19:00～24:00。

中餐各班次：09:00～14:30；19:00～24:00。

3.支援钟点工工作时间按具体支援发文时间而定。

4.上下班需及时打卡及签到。

四、钟点工工资标准及惩罚条例

1.长期固定钟点工出勤按4小时/天计算（含用工作餐时间）；工资待遇按相关制度执行及结算，工资统一每周日发放。

2.钟点工工资按所提供的钟点服务工时计算，每小时按照人民币10元计算，酒店保证钟点工每月最少服务120小时以上。若钟点工每月服务满120小时后的工时，每小时加2元作为钟点奖励。

3.钟点工上班迟到或超出规定时间内，又不签到，未与管理员说明情况或情况不属实的扣除当次服务工时。

4.钟点工不服从安排和管理的，视情况扣除相应的服务工时。

从案例可以看出，钟点工的工作比较简单，技术含量不高，对员工要求较低且可替代性强。因此，对企业内这类性质的工作岗位，通常采用灵活度较高的时薪制，以便能根据岗位的实际情况增招或减招。

需要注意的是，国家相关法律对非全日制的小时工工资做了相应的规定和要求，具体如下所示。

①用人单位应当按时足额支付非全日制劳动者的工资。用人单位支付非全日制劳动者的小时工资不得低于当地政府颁布的小时最低工资标准。

②非全日制用工的小时最低工资标准由省、自治区、直辖市规定，并报劳动保障部备案。

③非全日制用工的工资支付可以按小时、日、周或月为单位结算。小时工工资结算不得超过 15 天。在非全日制用工的情况下，劳动者的工资结算支付周期最长不能超过 15 天。非全日制用工有工作时数的规定，就是俗称的"小时工"。

9.2.2　日薪——临时工

日薪指企业按照员工实际工作的天数进行支付报酬的一种短期用工形式，即员工的工资计算如下。

日薪制工资=出勤日数×日工资

日薪制度在临时工行列中比较常见，主要是为了应对企业中额外出现的短时间的工作量或者是为了某一项目，而招聘的工作人员。临时工与正式员工不同，他们无法享有正式工才有的培训、晋升甚至荣誉，还可能随时面临解聘。因此，他们的工资常以日结的方式支付。

| 范例解析 |　某地产公司部临时工管理规定

临时工管理规定

1.目的

为加强对临时工的管理，制定本规定。

2.适用范围

本项目各相关部门的临时工管理。

3.定义

本规定所述的临时工是指有相对固定的工作岗位和工作职责，但在工资待遇及相关福利方面区别于正式员工的一种用工形式。一般适用于技术含量低、劳动密集型的工种，如清洁工、绿化工、草坪工和杂工等。

4.职责

临时工使用部门负责对临时工的日常工作进行监督和管理。

5.临时工的招聘

临时工的招聘条件：年满16周岁，身体健康，品德良好，无犯罪记录，符合公司用工条件和要求者。

6.薪酬管理

临时工计薪方式：日薪制。

工资标准：

一般临时工：85元/天，95元/天，105元/天。

技术类临时工：120元/天，130元/天，140元/天。

加班费标准：8元/时。

临时工的工资由人事部劳资管理员负责核算入"临时工工资表"，经财务部、部门经理和主管副总经理审核，并呈项目总经理审批后，于每月12号前交财务部发放。公司定于每月15日发放上月工资。

7.考勤管理

工作时间：临时工每天正常工作时间为8小时。

各相关部门临时工每日作息时间参照各相关部门正式员工的上下班时间执行。

打卡管理规定：参照正式员工打卡管理规定执行。迟到/早退/旷工规定：参照正式员工相关规定执行。

请假/休假规定：一般情况下，临时工连续请假不得超过30天。

从上述案例可以看出，临时工与钟点工有类似的地方，都属于技术含量相对较低，企业依靠度较低的岗位。另外，因为市场行情的不同，企业对临时工的需求情况也会不同，例如旺季时员工需求量大，需要招聘临时工，而淡季时员工需求量小，为控制人工成本，企业可能少招或不招临时工。所以，针对这一实际情况，企业通常会对临时工采取日薪制结算工资，以当月具体的工作天数来计算具体的工资数额。

9.2.3 周薪——国外一些国家常用的薪酬制

周薪指工资实行按周发放的工资制度，周薪制度在我国比较少见，还处于一种理念阶段，但实际上，周薪制度在国外比较常见，他们实行每周五发放当周的工资。

这与国情相关，国外许多国家的民众比较注重生活品质，以便能更好地享受生活。周薪制的发放形式能够促进日常生活消费，也能调动员工工作的积极性。但我国大部分居民重视储蓄，注重家庭生活，习惯规划，所以通常为月薪制。

周薪制的优势主要有以下两点。

①提高员工工作的积极性。周薪制缩短结薪周期，使员工能在更短的时间内获得工资，能够极大程度上提高员工工作的积极性。

②可以解决拖欠薪资问题。周薪制缩短了薪酬周期，可以很大程度避免拖欠薪水的问题。

但是，周薪制也容易使职工产生不稳定的情绪和短期行为，员工流动加速，造成就业市场的混乱。

9.2.4　月薪——企业普通员工的薪酬制度

月薪制是目前普遍执行的工资制度。它指按月结算和支付员工工资的一种薪酬制度，员工固定的月标准工资扣除缺勤工资得到当月工资。具体公式如下所示。

应付计时工资＝月标准工资－缺勤天数×日工资

按小时计算缺勤时间时，上式可写成：

应付计时工资＝月标准工资－缺勤小时数×（日工资÷每班工作小时数）

通常来说，员工的工资由"基础工资"和"绩效工资"两部分组成，其中基础工资为固定工资，绩效工资为浮动工资。具体计算如下所示。

基础工资＝基本工资＋岗位工资＋津贴＋加班工资

绩效工资＝月度考核工资

月薪制是目前大部分企业和公司实行的薪酬制度，涵盖了各行各业中的正式职员。相比时薪、日薪和周薪来说，月薪制主要具有以下4个特点。

①按月结算，结算周期不长也不短，利于员工规划生活和储蓄，符合我国的国情和员工消费习惯。

②减少了财务核算成本，按月结算相比周薪、日薪和时薪来说，薪酬的人工结算成本更低。

③稳定性更强，通常实行月薪制员工工作最短时间也以一个月为一个周期，避免了企业大量的人员流动，更便于企业的人力资源管理。

④按月结算员工工资，降低了企业现金压力，给了企业现金流动时间。

9.2.5　年薪——企业管理人

年薪制是以年度为单位，根据企业的生产经营规模和经营业绩，确定并支付企业管理人年薪的分配方式。年薪制实际上是为了将企业管理人的利益与企业所有者的利益直接联系起来，使管理人与所有者的目标一致，以便对管理人形成有效的激励和约束，因此年薪制的主要对象实际是企业中的管理人员。

年薪制其实很好理解，它也同月薪制一样由"基础工资"和"浮动收入"两部分组成，不同的是，月薪制中的绩效工资以"月"为单位进行考核，并结算相应的月度考核工资。而年薪制中的浮动工资则以"年"为单位进行考核，根据当年的工作表现情况和企业的经营情况来结算当年的"浮动工资"。

需要注意的是，年薪制并不是一年结算一次工资并一次性发放。虽然年薪是在年终结算的，但仍按月预付。年薪一般分为基本年薪、绩效年薪及保证金，基本年薪一般占整体年薪的一半左右，绩效年薪占剩余的三分之二，剩下部分一般为保证金。

基本年薪平摊到每月，每月按时发放。月薪部分通常会在保障员工的基本需求上，考虑到社保、公积金的缴纳比例，尤其是公积金，要考虑员工是否要购房的情况。

绩效年薪要对员工起到激励作用，通常为员工的 3～6 个月工资以上，否则难以对员工起到激励作用。

保证金的作用在于对员工进行更长期的激励，主要由于年薪制虽然一定程度上激发了员工的积极性，但是由于员工有时会超出表现，或者表现不好，此时通过浮动保证金，来完成更多的激励。表现良好就积攒保证金额度，表现较差则扣除相应保证金还给公司。

年薪制度主要适用于企业经营者和高管，一方面是因为年薪制能够很好体现出企业经营者和高管的工作结果，而企业的经营周期一般为一年，所以以年为单位考核经营者和高管的工作水平更科学合理；另一方面年薪制将企业经营者和高管与企业的利益直接挂钩，增强了经营者和高管的责任感，也使其承担了一定的经营风险。

但是，年薪制并不局限于经营者和高管，越来越多的企业将年薪制应用于企业技术骨干和核心人才，通过年薪制的激励加深他们与企业之间的联系，以便为企业留下更多人才。

| 范例解析 | 某公司年薪制管理办法

年薪制管理办法

一、目的

为了强化公司高管的激励与约束机制，充分调动高层管理人员的工作积极性，促使高层管理人员共同承担经营风险，注重公司长期利益，实现公司持续稳健发展，特制定本方案。

二、原则

对公司关键岗位和重要岗位实行年薪制度，并坚持如下原则。

1.个人技能、能力和岗位价值结合的原则。

2.公平、公正的原则。

3.保密性原则。

三、适用范围

年薪制适用于公司高层人员。

四、具体步骤

1.成立由公司领导和人事行政部重要成员参加的年薪评定小组。

2.由年薪评定小组依据每个岗位的岗位价值和拟在此岗位工作员工的品德、技能、业务能力和其他评定因素确定其年薪额度。

3.公司年薪评定小组可以据公司的经营状况和行业发展状况，随时进行对年薪额度的修订，以确保年薪额度的合理性和有效性。

五、年薪确定

年薪=基本年薪+绩效年薪+红利。

六、年薪的支付与管理

1.实行年薪制的员工，其基本年薪按月平均发放。

月度基本年薪=基本年薪÷12

2.实行年薪制的员工，其绩效年薪根据绩效考评结果，分当年年中支付、当年年终支付两部分分期支付。

（1）当年年中支付（绩效年薪的40%）部分，以现金形式支付。

（2）当年年终支付（绩效年薪的60%）部分，以现金形式支付。

3.实行年薪制的员工，如能完成或超额完成当年的目标责任，则可以获得分配红利，具体红利数额视当年的具体发放标准确定。

4.年薪制员工的红利，分为当期兑现及风险兑现两部分发放，其中：

（1）当期兑现（红利的80%）部分，以现金形式支付。

（2）风险兑现（红利的20%）部分，聘用期满一年后一次性现金支付。

5.年薪制员工年薪在发放当期由公司财务部门为其依法代扣代缴个人所得税。

6.聘用期内，年薪制员工由于个人辞职或严重违规违纪而被辞退或损害公司利益而被辞退等非正常原因离任时，将自动失去红利中的风险兑现部分和未支付的基本年薪，甚至追究法律责任。

7.聘用期内，若公司解除与年薪制员工的聘用关系，公司将实时考核年薪制员工至解除聘用关系止的目标责任达成情况后，按比例支付其绩效年薪及累计风险兑现部分红利。

8.聘用期满后一年内，年薪制员工做出有损公司利益的行为或未履行保密义务，将自动失去风险兑现部分红利，甚至追究法律责任。

七、绩效考核评价指标及确定程序

1.评价年薪制员工绩效的指标分考核指标和考评指标。

2.营销中心和生产中心所属各岗位，施行以业绩考核指标为基础的绩效考核方案；行政中心、财务部各岗位施行以岗位考评指标为基础的绩效考核方案。

3.考核指标为净资产收益率、销售收入、销售利润、应收账款周转天数和新产品市场比率等。

4.考评指标为安全生产、产品质量、客户投诉和重点工作配合等，考评指标只扣分，不加分。

5.考核（评）目标确定后，由公司与年薪制员工签定目标责任合同。

根据上述的范例内容可以看出，年薪制主要具有以下特点。

①年薪制有特定的适用对象，例如企业高层管理者或核心岗位人才，这些岗位要求员工具有高领导性、指挥性及创造性等特点，所以这些岗位的难度更高、工作强度更大，对企业经营的影响也更重，同时他们的工作价值也难以在短时间内体现出来。

②考核周期较长，通常以年作为考核单位。

③薪酬额度具有风险性，薪酬中的很大一部分是和本人的努力及企业经营好坏情况相挂钩的，因此具有较大的风险和不确定性，如案例中的绩效年薪和红利。

④与月薪制不同的是，年薪制在相当大的程度上是面向未来的，年薪的制定不是简单地依据过去的业绩，同时更取决于接受者所具备的经营企业（或其他工作）的能力和贡献潜力。

⑤薪酬的额度与公司的整体效益直接挂钩，将公司的发展与个人的回报进行捆绑，充分激励核心管理人员对公司发展负责。

⑥将公司中的核心岗位与公司的经营状况紧密相连，促进了资源、权利等的效用最大化，有利于公司年度绩效的提升。简单来说，年薪制是当事人权利与义务、职权与责任及奉献与回报的综合。

9.3
员工工资发放方式管理

员工工资的发放也并不是一件简单的事，其中有许多门道，稍有不慎企业就有可能陷入薪资纷争中，严重时还可能影响员工工作士气，甚至影响企业的正常营运。

9.3.1　工资发放的方式

目前企业发放员工工资的方式主要有 3 种，具体如下所示。

①工资流水，指企业将员工工资通过工资代发银行直接打到工资卡（借记卡）上，实际到账工资为代扣代缴社保及个税后的金额，即税后工资。

②工资现金，指企业以现金形式发放给员工的工资。

③工资转账，指企业将员工工资转到员工的工资卡上，与工资流水的区别在于，银行不会代扣代缴社保。

另外，还有几种错误的工资发放方式要引起重视，以免触犯法律。

◆ 试用期员工不发或少发工资

根据相关规定，劳动合同期内劳动者工资低于新的最低工资标准的，用人单位应及时调整劳动者最低工资，执行新的最低工资标准。

《劳动合同法》第二十条规定，"劳动者在试用期的工资不得低于本单位相同岗位最低档工资或者劳动合同约定工资的百分之八十，并不得低于用人单位所在地的最低工资标准。根据该条规定，即使在试用期，也应该执行最低工资标准的有关规定。在试用期内，用人单位支付报酬不得低于最低工资标准。"

◆ 每月只发基本生活费，剩余工资集中发放

根据《劳动法》《劳动合同法》的规定，工资应当以货币形式按月足额支付给劳动者本人，不得克扣或无故拖欠劳动者工资。但是仍然有些建筑行业的用人单位每月只发员工基本生活费，剩余工资每半年或每一年集中发放一次。

◆ 包吃住抵消工资，到手工资低于最低工资标准

法律规定的最低工资是指在劳动者提供正常劳动的情况下，用人单位应支付给劳动者的"到手工资"。而用人单位提供的吃住，应认定为企业为职工提供的一种福利待遇，因此不能纳入最低工资的范畴。

◆ 将高温津贴等抵消，到手工资低于最低工资标准

高温津贴等抵消与包吃住抵消情况类似，但高温津贴等是法律规定的劳动者在高温、低温、井下及有毒有害等特殊工作环境条件下给予的补助津贴，不能抵消计算入工资当中。

◆ 节日福利抵消加班工资

部分企业因为行业性质的不同，存在节假日加班情况，所以有的企业安排员工节假日加班，却以放节日福利为由，用节日福利代替加班费。这样的做法显然是错误的。

9.3.2 工资应该公开，还是保密？

关于工资公开还是保密的问题，一直是企业最为敏感的问题之一，关系到员工工作的积极性和企业的稳定性。企业决定工资公开与否之前，需要从

法律角度了解工资保密的合法性。

目前，在我国的法律法规中，没有明确规定薪酬必须保密，但也没有禁止企业采用保密制度。因此，只要劳动者与企业依自由意志协商，双方公平自愿，且程序合法有效，就应该受到法律的保护。

但是，员工违反公司工资保密制度，并不属于劳动合同的根本违约，用人单位就此解除劳动关系则应认定违法。因其处罚结果与员工行为不能相当，不符合公平原则，更违反法律对劳动者的倾斜保护原则。所以，企业可以依照公司规定，适当给予员工较轻的惩罚，但不能就此解除劳动关系。

在确定了保密制度合法的前提下，企业应该如何来选择工资制度保密或公开呢？事实上，两者没有绝对的好坏，只是看法不同，具体如下所示。

（1）坚持工资保密

坚持工资保密是绝大部分企业的处理办法，其优势有以下几点。

①工资保密能够避免员工之间相互攀比，减少员工心理的不平衡感，也减少企业内的矛盾纠纷。

②企业中的许多工作由于种种实际原因会形成工资差异，但这些原因难以向员工做出解释。工资保密制度可以给管理者更大的自由，使其不必为员工差异做出解释。

③出于对人才保护的需要，许多企业会选择工资保密制度。企业员工的工资结构、数额，尤其是关键人才的工资，是企业的重要机密。一旦公开，很容易出现竞争对手以薪酬发起人才争夺的情况。

④工资制度通常只能做到相对公平，很难保证绝对公平，尤其是个人利益当前时，即便是再合理的制度也会有员工存在不满意的情况，而保密制度能够很好地规避这一点。

⑤除了企业经营者之外，事实上许多的员工自身也希望自己的工资能够保密，尤其是绩效较差、工资较低的员工。工资是他们的隐私，不需要被公开。

（2）坚持工资公开

有的公司则追求透明化管理制度，透明化管理包括工资制度的公开，他们认为工资制度公开具有以下几点优势。

①公开透明的工资制度能够为企业吸引人才，因为公开透明的薪酬制度为员工描述了清晰的薪酬结构和日后的发展规划。

②公开工资增强了企业管理的透明度，能让员工产生公平感，从而提升对企业的信任。

③公开工资有利于使员工之间产生公平竞争，促进企业的经营。

企业选择工资保密还是公开，其实还是要依据企业当前的实际情况来决定。对于规模较大的中型企业或大型企业来说，可以采取工资保密制度，因为企业内员工众多，工资差异会影响员工士气，同时也容易形成一种攀比的风气。但对于小型企业来说，员工人数少，组织架构简单，工资容易做到相对公平，所以可以公开。

但是，无论企业决定是否公开工资，都必须坚持两个基本原则：一是，基本的工资制度要向员工公开；二是绩效考核的方法要公开。这样员工可以估计自己的工资水平，还能准确找到自己努力的方向。

9.3.3 法定节假日工资的发放规定

法定节假日工资指劳动者在国家法定节假日及双休日等假期时的工资发放情况。国家《劳动法》对法定节假日工资做出了明确的规定，企业经营者和管理者都有必要了解相关工资发放规定，避免违法。

（1）现行的法定节假日

根据国务院发布的《全国年节及纪念日放假办法》（国务院令第 644 号）规定，我国法定节假日包括 3 类。

第一类是全体公民放假的节日（法定），包括元旦（1 月 1 日放假 1 天）、春节（农历除夕、正月初一、初二放假 3 天）、劳动节（5 月 1 日放假 1 天）、国庆节（10 月 1 日、2 日、3 日放假 3 天）、清明节（农历清明当日放假 1 天）、端午节（农历端午当日放假一天）和中秋节（农历中秋当日放假一天）。共 11 天。

第二类是部分公民放假的节日及纪念日，包括妇女节（3 月 8 日妇女放假半天）、青年节（5 月 4 日 14 周岁以上的青年放假半天）、儿童节（6 月 1 日不满 14 周岁的少年儿童放假 1 天）、中国人民解放军建军纪念日（8 月 1 日现役军人放假半天）。

第三类是少数民族习惯的节日，具体节日由各少数民族聚居地区的地方人民政府，按照各该民族习惯，规定放假日期。根据国家有关规定，用人单位在除了全体公民放假的节日外的其他休假节日，也应当安排劳动者休假。

（2）法定节假日正常休假时的工资计算

国家法定节假日，员工正常休假是带薪休假的，《劳动法》第五十一条规定，劳动者在法定休假日和婚丧假期间及依法参加社会活动期间，用人单位应当依法支付工资。工资计算方法如下。

基础工资=基本工资+岗位工资+各种津贴+加班工资

考核工资=月度考核工资+季度考核工资+年度考核工资

实行日薪制或者计件制员工按其他办法实行。

（3）法定节假日员工加班时的工资计算

基于行业性质的不同，有的行业可能存在法定节假日员工加班的情况，对此国家《劳动法》中对加班工资做出了如下规定。

①安排劳动者延长工作时间的，支付不低于工资的百分之一百五十的工资报酬。

②休息日安排劳动者工作又不能安排补休的，支付不低于工资的百分之二百的工资报酬。

③法定休假日安排劳动者工作的，支付不低于工资的百分之三百的工资报酬。

即平时晚上的加班费是本人日工资基数的150%，休息日是日工资基数的200%，国家法定休假日的加班费是日工资基数为300%。

法定假日及休息日加班工资计算如下。

休息日小时加班工资=加班工资基数÷21.75÷8×小时数×200%

休息日加班工资=加班工资基数÷21.75×天数×200%

法定节假日加班工资=加班工资基数÷21.75×天数×300%

法定节假日小时加班工资=加班工资基数÷21.75÷8×小时数×300%

例：一个月薪为4 000元的员工，他的日加班基数就是4 000元除以21.75天即183.9元。2020年五一劳动节为5月1日至5日，共5天。其中5月1日为法定节假日，5月2日至5日为调休。如果企业安排他在五一长假期间加班，且之后无法调休，那么该员工五一期间的工资应该为多少？

应领取工资=183.9×300%+183.9×200%×4=2 022.9（元）

第十章

动态管理：
员工个人薪酬的调整

　　薪酬的动态管理指针对企业中个别员工的升职、调职及降职等情况，而产生的个人薪酬调整，除了薪酬数额的变化之外，还可能牵涉管理人员或 HR 与员工交流沟通的问题，如若处理不好可能引发员工矛盾，因此要谨慎对待。

10.1 了解薪酬调整的类型

简单理解员工个人薪酬调整类型的话，无非将其划分为两种，即员工薪酬上调和员工薪酬下调。但是这只是结果，实际上真正引发员工薪酬调整变化的原因有很多，下面我们进行具体介绍。

10.1.1 全员普调性薪酬调整

全员普调性薪酬调整指的是企业全员薪酬调整，即企业对公司内所有员工的薪酬进行调整，并由此引发员工个人薪酬的改变。通常全员普调的额度和比例与公司的效益、员工岗位价值及员工工作绩效有关。

全员普调性薪酬调整实际上比较常见，尤其是对于大型企业，基本上会保持一年一次或一年两次的全员普调，即年中和年度薪酬普调。有效的薪酬普调能够稳定企业中的员工结构，为公司留下优秀人才，但不恰当的调薪计划也可能引发人员的大批离职。

影响全员薪酬普调的因素如表 10-1 所示。

表 10-1　影响全员薪酬普调的因素

因素	内容
物价因素	当通货膨胀时，员工原来的薪酬购买能力降低，需要做出相应的调整才能够保证员工的收入水平
市场因素	人才市场行情的变化，为提高企业薪酬竞争力，从而做出相应的薪酬调整
员工激励	员工经过一年或半年的努力工作，企业对其进行一定的激励，提升员工的士气。其中又分为员工服务年限激励、员工能力激励和员工绩效激励等
企业效益	当企业效益发展较好时，给员工调薪可以将企业的成果和员工共享，进而提升员工的凝聚力和忠诚度

| 范例解析 | 某公司2020年度调薪方案

某公司2020年度调薪方案

一、目的

鉴于本地今年物价指数增长迅速，为激励和稳定公司人才队伍，提高公司竞争力，现结合公司实际经营情况制定本方案。

二、适用范围

本方案适用公司内所有部门符合条件的员工。

三、调薪原则

1.坚持公平、公正的原则。

2.坚持以岗位任职资格为准则，杜绝论资排辈。

3.以鼓励员工对公司的忠诚度和稳定性为前提。

四、调薪人员

1.公司员工调薪必须在公司工作一年以上。

2.距离上一次调薪间隔满一年以上（含试用期转正调薪）。

3.2019年年终绩效考评等级为B以上者。

五、调薪类型

1.工龄调薪：主要适用于后勤部门员工，涨幅不大，意在鼓励员工长期为公司服务。

2.晋升调薪：主要适用于职务提升的员工。

六、调薪标准

1.年度调薪（基本工资）涨幅5%的情况：员工在公司工作满一年以上，年度平均考核成绩80分以上。

2.年度调薪（基本工资）涨幅8%的情况：员工在公司工作满一年以上，

年度平均考核成绩85分以上。

3.年度调薪（基本工资）涨幅10%的情况：员工在公司工作满两年以上，年度平均成绩在90分以上。

七、调薪生效时间

从2020年3月1起生效。

10.1.2 特殊情况下的调薪安排

特别调薪主要是针对一些特殊情况而做的调薪安排，以便使员工的薪酬水平能够达到外部公平、内部公平及个别公平。特殊调薪的种类主要包括4种，如下所示。

①为了达到行业的薪资水平，实现外部公平而做的调整。

②为了留住企业中的核心人才，实现外部公平而做的调整。

③为了符合同工同酬或最低工资的法规而做的调整。

④为了调整薪酬低于薪酬等幅下限现象而做的调整。

其中，需要重要说明的是核心人才的薪酬调整。核心人才主要包括企业中的研发类人才、科技类人才及高级管理类人才等，为了留下这类对企业具有重大意义且价值较大的人才，需要做出专项薪酬调整。

老话常说"20%的员工创造了企业80%的价值"，这里的20%的员工就是指企业中的核心人才或关键人才。特殊薪酬调整也是针对这类员工而开启的。因此，经营者要先从企业中找出核心人才。

核心人才通常具有以下特性。

◆ 这群员工的工作情况能够对公司的战略发展、业绩达成及经营结果做出突出贡献或起决定性作用。

◆ 处于企业中的核心岗位，并具有重要价值。

◆ 掌握了公司核心技术或掌握企业未来发展技术的员工。

◆ 同行或竞争企业想要挖走的员工，且一旦挖走会对公司业务造成重大影响的员工。

| 范例解析 |　某大型企业核心管理人才调薪方案

某大型企业人力资源负责人调查发现，本公司与市场同类型公司的薪酬占比存在差距。为了提升公司薪酬的竞争力，也为了留住公司的核心管理人才，该负责人提出了核心管理人才调薪方案。

一、公司当前的薪酬情况

公司当前的员工薪酬所占比率与市场同类型公司员工薪酬对比分析，结果如表10-2所示。

表10-2　公司员工薪酬所占比率与市场对比分析结果

项目	市场	公司
核心人才占总人数比率	1.5%	1.7%
核心人才占总薪酬比率	11%	7.3%
中层管理占总人数比率	13.5%	22.6%
中层管理占总薪酬比率	25%	37.2%
基层员工占总人数比率	85%	75.7%
基层员工占总薪酬比率	64%	55.5%

从上表可以看出本公司在人员结构配置上存在不合理现象，薪酬占比也不合理。

二、调薪原则与方法

根据公司员工薪酬与市场薪酬的对比表分析可以看出，公司主要是需要对企业中的核心人才做薪酬调整。从"成本、效益"的观点出发，特提出以下调薪方案。

1.薪资结构

高层管理人员的薪酬＝基本工资＋绩效工资＋月度考核奖＋年度贡献奖

在原本的薪酬结构中添加了月度考核奖和年度贡献奖。

2.月度考核奖的发放

月度考核奖由公司相关部门在年初时对被考核对象设定考核标准，半年修改一次，实现分级考核，原则上每月考核一次，每月发放考核奖金。

具体被考核对象包括总经理、副总经理及部门经理。

3.年度贡献奖

年终根据公司的整体效益及各实体效益指标的完成情况派发贡献奖金。年度贡献奖也依靠考核为标准，实行分级考核。年度贡献奖的计算方式如下。

（1）贡献额为折旧利润加管理费减总资本性支出的20%。

（2）提取的比例由销售额增长率和贡献增长率相加得出总增长率，以此确定提取比例。总增长率＜0，提取比例为1%；总增长率为0～10，提取比例为3%；总增长率为10～20，提取比例为5%；总增长率＞20，提取比例为7%。

10.1.3　员工晋升的薪酬调整

员工晋升的薪酬调整是企业调薪中比较常见，且接触较多的一种调薪方式。它指的是员工能力、技术或管理水平得到了提升，已经能够胜任更高一级的工作而予以升级，所以企业员工由原来的岗位上升到另一个较高的岗位的过程。为了体现员工贡献度的增加，晋升时也会伴随着调薪。

需要注意，通常企业中的员工晋升要有严格的晋升制度，只有达到条件的员工才能够晋升，这样才能体现出晋升的公平性。

| 范例解析 | 某销售公司内部员工晋升制度

一、目的

为了提升员工的个人素质和能力，充分调动全体员工的主动性与积极性，并在公司内部营造公平、公正和公开的竞争机制，规范员工的晋升、晋级工作流程，特制定本制度。

二、适用范围

公司全体员工。

三、权责

1.人事部负责制定公司的员工晋升制度。

2.相关部门经理负责对晋升员工进行考核。

3.总经理、总监负责对员工晋升进行最终审核。

四、员工晋升原则

1.员工晋升必须符合公司的发展需要。

2.公司内部出现职位空缺时，优先考虑公司内部员工。

3.员工晋升有利于提升员工的综合素质，做到量才适用，有利于增强员工的凝聚力和归属感，减少员工的流动率。

4.管理层晋升必须建立在考核结果的基础上，遵循有利于提高其综合素质的员工，着重培养管理人员的综合管理能力。

五、晋升要求与条件

公司可以根据工作需要对员工的岗位或职位进行必要的调整，在公司职位空缺的情况下，员工也可以根据本人意愿申请到公司部门之间调动。

1.员工晋升可分为部门内晋升和部门间晋升

部门内晋升：指员工在本部门的岗位变动，由各部门主管根据部门实际情况，经考核后具体安排。

部门间晋升：指员工在公司内部各部门之间的流动，需经考核后由拟调入部门填写员工晋升表，由涉及的部门主管批准并报总经理批准。

2.员工晋升分为3种类型

（1）职位晋升、薪资晋升。

（2）职位晋升、薪资不变。

（3）职位不变、薪资晋升。

3.员工晋升的形式分为定期和不定期

（1）定期：公司每年根据公司的营业情况，在年底进行统一晋升。

（2）不定期：在工作中，对公司有突出贡献，且表现优异的员工予以晋升。

（3）试用期：员工在试用期间，表现优秀者，由试用部门提前晋升。

六、公司各级员工在接到晋升通知后，应在指定时间内办妥移交手续，就任新的职务。

七、员工晋升等级及薪资待遇（表10-3）

表10-3 员工晋升等级及薪资待遇

项目 职级	职务名称	底薪等级			全勤奖	考核期限	评级标准	提成计算标准
		1级	2级	3级				
Q0	试用	1 500			100	1个月	0	业绩＜3 000，5%；3 000≤业绩＜10 000，10%；10 000≤业绩＜20 000，14%；20 000≤业绩；16%
Q1	顾问	1 700			100	3个月	1万	
Q2	代表	2 100	2 200	2 400	100	3个月	5万	
Q3	主管	2 600	3 000	3 500	100	3个月	8万	
Q4	经理	3 500	4 000	5 000	100	3个月	10万	
Q5	总监						15万	

案例中的员工晋升制度是一份相对来说比较完善的员工晋升制度，制度中对员工晋升的各种介绍和说明，包括部门内晋升与部门之间晋升；薪酬改变晋升与薪酬不变晋升；定期晋升与不定期晋升。

另外，员工之间层级明显，薪酬差异较大，薪酬调整明显，具有重要参考意义，企业员工晋升制度可以参考借鉴。

10.1.4　降职降级型的薪酬调整

降职降级型调薪主要是针对不能胜任当前工作，或出现重大违规的员工，公司会对员工做出降职或降级，以及下调薪酬水平的处理。在实际工作中，企业管理者处理员工的降职降级时要注意一系列的法律问题，避免触犯法律。

根据《劳动合同法》第三条规定，订立劳动合同，应当遵循合法、公平、平等自愿、协商一致、诚实信用的原则。依法订立的劳动合同具有约束力，用人单位与劳动者应当履行劳动合同约定的义务。所以，如果合同约定"可根据需要对员工岗位进行调整"，那么在双方认同的条件下，该条款应该具有拘束力，双方均应执行。

但是即便有合同的约定也并不代表企业可随意进行单方调岗，在操作岗位调整时，企业应当遵守以下规则。

◆ 调整员工岗位时必须具有充分的合理性，调整后的岗位与调整前的岗位应有一定的关联。

◆ 劳动者被调岗后能胜任新的工作，如果不具备适任能力，用人单位还应当负责培训教育，以使劳动者能适应新的工作岗位。

◆ 调整前应履行必要的告知和解释义务，做到有理有据。

◆ 用工自主权的行使不得违反国家法律、法规的强制性规定。如女职工怀孕期间，不得以其不能胜任工作而改变其工作岗位或降低薪酬。

◆ 企业可以对员工进行技能考核，举证劳动者确实不适合在原岗位上任职。

在员工调岗时，常常出现以下 3 种情况，需要引起重视。

（1）员工不能胜任该岗时的调岗

不能胜任工作，是指不能按要求完成劳动合同中约定的任务或者同工种、同岗位人员的工作量。

而不能胜任该岗位的工作是许多企业实施员工调职调岗的理由，根据《劳动合同法》第四十条的规定，劳动者不能胜任工作，经过培训或者调整工作岗位，仍不能胜任工作的。用人单位提前三十日以书面形式通知劳动者本人或者额外支付劳动者一个月工资后，可以解除劳动合同。

该条款说明了，在员工不胜任现有岗位的前提下企业有单方面对员工调岗的权利。但是企业拥有单方面调岗的权利并不意味着企业可以随意安排员工调岗。企业安排员工调岗时应该注意以下两个问题。

①用人单位应有充分的证据证明劳动者不胜任现有工作岗位，即该劳动者确实不能按照单位的要求完成劳动合同约定的任务或者同工种岗位人员的工作量，在实践当中需要以"岗位说明书""目标责任书"等文件予以佐证。

②调整之后的岗位应与劳动者的劳动能力和技能相适应，保持一定的合理性。

如果企业不能充分举证说明劳动者不能胜任工作的情况，很可能会引发法律风险。

◆ 调岗调薪行为无效的风险

公司如果在对员工进行调岗调薪的过程中出现不当，将会导致公司对员工的调岗调薪行为无效。员工可以要求回原岗位工作，并享受原岗位的薪资待遇；员工可以以《劳动合同法》第三十八条第一款第（一）项为由与公司解除劳动合同，并要求公司支付经济补偿金。

产生该风险的原因主要有以下 5 点，如图 10-1 所示。

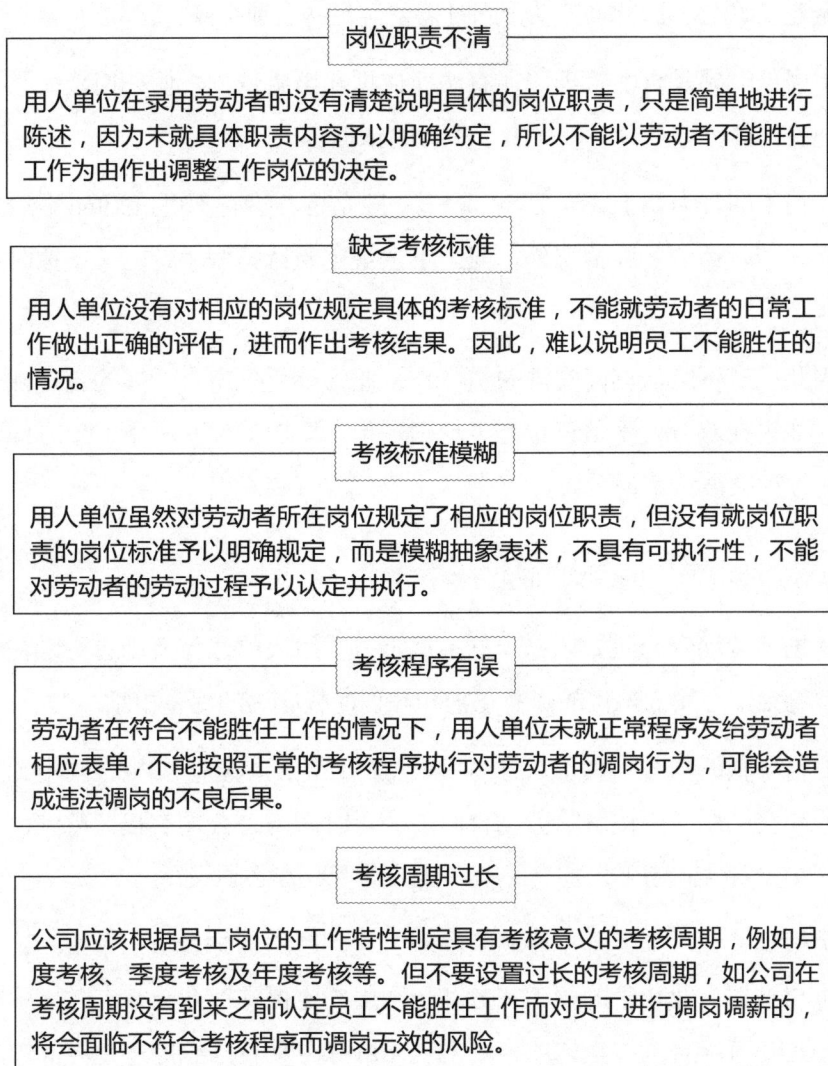

岗位职责不清

用人单位在录用劳动者时没有清楚说明具体的岗位职责，只是简单地进行陈述，因为未就具体职责内容予以明确约定，所以不能以劳动者不能胜任工作为由作出调整工作岗位的决定。

缺乏考核标准

用人单位没有对相应的岗位规定具体的考核标准，不能就劳动者的日常工作做出正确的评估，进而作出考核结果。因此，难以说明员工不能胜任的情况。

考核标准模糊

用人单位虽然对劳动者所在岗位规定了相应的岗位职责，但没有就岗位职责的岗位标准予以明确规定，而是模糊抽象表述，不具有可执行性，不能对劳动者的劳动过程予以认定并执行。

考核程序有误

劳动者在符合不能胜任工作的情况下，用人单位未就正常程序发给劳动者相应表单，不能按照正常的考核程序执行对劳动者的调岗行为，可能会造成违法调岗的不良后果。

考核周期过长

公司应该根据员工岗位的工作特性制定具有考核意义的考核周期，例如月度考核、季度考核及年度考核等。但不要设置过长的考核周期，如公司在考核周期没有到来之前认定员工不能胜任工作而对员工进行调岗调薪的，将会面临不符合考核程序而调岗无效的风险。

图 10-1

（2）员工拒绝新岗位，拒不到岗

降职降级类型的调岗与升职型调岗不同，几乎所有的员工都会讨厌影响自己切身利益的调岗，所以很容易出现员工拒绝新岗位，拒不到岗的情况。那么，在这样的情况下，可以认定员工旷工而辞退员工，解除劳动合同吗？

企业以旷工名目解除劳动合同时需要满足两个前提条件。

①岗位调整是合法合理的，有法律依据和事实依据。假如岗位调整不具备合理性，其纪律处分也就失去了先行的依据。

②员工的行为属于"旷工"，旷工一般是指：除有不可抗拒的因素影响，职工无法履行请假手续情况外，职工不按规定履行请假手续，又不按时上下班即属于旷工。

因此，对不服从调岗安排的员工，企业应该首先审查调岗的合理性和合法性，如果在双方处于争议状态（特别是员工已申请仲裁）下，单方面的处分行为往往会被认定为无效。

（3）涉密员工的调岗问题

根据《劳动合同法》第二十三条规定，"用人单位与劳动者可以在劳动合同中约定保守用人单位的商业秘密和知识产权相关的保密事项。"

保密条款的内容当属于双方当事人意思自治的范畴，如果合同中约定掌握商业秘密的职工提出解除劳动合同前一段时间内，公司有权调整其岗位。这样的约定对合同当事人均有约束力，劳动者一方必须履行。

另根据《劳动部关于企业职工流动若干问题的通知》第二条规定，"用人单位与掌握商业秘密的职工在劳动合同中约定保守商业秘密有关事项时，可以约定在劳动合同终止前或该职工提出解除劳动合同后的一定时间内（不超过六个月），调整其工作岗位，变更劳动合同中相关内容。"这也为合同约定保密调岗提供了法律依据。

10.2
做好调岗调薪前的沟通与安排

在对员工进行薪酬调整之前通常会对员工做一系列工作，如对此次的调薪做说明，即对升职加薪的员工予以肯定；对降职降薪的员工，说明降职降薪的原因。这是调薪之前的必要过程，如果处理不好很容易引发员工对公司的不满，造成员工的离职。

10.2.1 调岗调薪的沟通应该怎么谈

调岗调薪前的沟通常常会令很多管理人员头痛，不知如何下手。首先，在沟通之前，我们要摆正好自己的心态，要以开诚布公的心态和员工进行岗前谈话，语气要诚恳。

谈话内容上，要向员工讲明公司的现状、岗位调整的原因、新岗位的职责和重要性，以及给员工带来的机会和挑战。尤其是对一些长期处于舒适圈，不想有所改变的员工，要让其觉得岗位调整对自己来说是一次新的机会，并不全是坏事。

另外，还要向员工说明岗位调整之后的薪酬变化情况，这直接关系到员工的切身利益，要向员工解释清楚。让员工了解薪酬的组成结构，即固定薪酬、变动薪酬和福利等在整体薪酬中的各自所占比例，以及调岗后新岗位中的一些调薪政策和幅度。

最后，在谈话之前还要准备一些调岗前的资料，包括"员工异动单""员工岗位调整协议书"及针对新岗位重新签订的劳动合同，保证整个流程合理合法，有据可查。

如图 10-2 所示为员工异动单模板。

员工岗位异动单

姓名		性别		出生年月		入职时间	

异动信息（异动类别：□调动 □晋升 □降职）

转出部门		转出职位	
转入部门		转入职位	

薪资变动情况	□否 □是（见薪费调整单）
异动原因	

试用期时间与绩效目标（调入职位的直属上级填写）

新任职试用期时长	□无 □2个月 □3个月 □6个月
工作目标一	
工作目标二	
工作目标三	

转出部门直属领导审核意见： 签字： 年 月 日	转入部门直属领导提议意见： 签字： 年 月 日
转出部门负责人审核意见： 签字： 年 月 日	转入部门负责人审核意见： 签字： 年 月 日
转出部门考勤员意见： 考勤截止日期： 年 月 日 签字日期： 年 月 日	转入部门考勤员意见： 考勤调入日期： 年 月 日 签字日期： 年 月 日
人事部门意见： 签字： 年 月 日	副总经理审批意见： 签字： 年 月 日

说明：
1.本表适用公司全体员工。
2.本表提交前，须与调入部门负责人确认该调入职位及编制已通过审批并执行。
3.调入职位的直属领导填写申请人试用期时间及工作目标。
4.主管级以下员工须逐级审批至部门负责人，主管级以上员工（含主管级）须逐级审批至副总经理。
5.该流程完成所有签字、审批程序后，原件由人事部门存入个人档案；同时，针对主管级以上员工（含主管级），人事部门应尽快将任命文件在公司公告栏进行张贴。
6.凡晋升人员，在试用期结束后，请填写由人事部门转交与您的转正审批表，并按期完成转正审批。

图 10-2

| 范例解析 | 某公司员工岗位变动协议书

员工岗位变动协议书

甲方：某服装制作公司

乙方：＿＿＿＿＿＿ 身份证号码：＿＿＿＿＿＿＿＿＿

根据《劳动合同法》相关规定，双方就乙方的岗位变动进行平等协商，达成本协议，并共同遵守。

一、关于岗位变动及相关内容

1.根据工作需要，自＿＿年＿＿月＿＿日起乙方的工作岗位由＿＿＿＿＿岗位调整为＿＿＿＿＿＿岗位。

2.乙方的工资从＿＿＿年＿＿＿月＿＿＿日起调整为＿＿＿＿＿＿元/月。视乙方的工作表现及岗位胜任情况，甲方将与乙方协商调整岗位工资。

3.自岗位变动之日起，乙方将履行新岗位的职责，并按照公司规定享受新岗位的所有待遇。

4.本协议签订之后，如乙方上岗＿＿＿＿＿个月内不能胜任新岗位工作要求的，则甲方有权将乙方的岗位调整回原来的岗位。

5.除涉及调整的条款外，甲乙双方＿＿＿＿年＿＿＿＿月＿＿＿＿日所签订的《劳动合同》其余条款不变。

二、本协议作为所签订的《劳动合同》的补充文件，具有同等法律效力。

三、履行本协议发生争议时，甲乙双方将协商解决。若不能协商解决的，双方可提请劳动争议仲裁，必要时可以通过法律途径解决。

四、本协议一式两份，甲乙双方各执一份，自签字之日起生效。

甲方（盖章）：＿＿＿＿＿＿＿＿＿＿＿＿＿　　　　乙方（签字）：＿＿＿＿＿＿＿

经办人（签字）：＿＿＿＿＿＿＿＿＿＿

＿＿＿＿＿年＿＿＿月＿＿＿日　　　　　　＿＿＿＿年＿＿＿月＿＿＿日

10.2.2　员工晋升调岗的流程安排

除了企业领导根据企业人力资源规划和企业发展需求对员工做的调岗之外，还有员工因为表现优异、贡献突出而出现的员工晋升调岗。对于这类的员工晋升调岗调薪安排，公司与员工也需要严肃对待，不仅需要规范、严谨的操作流程，还需要经过一系列的审批流程，这样才能体现出员工晋升机制的公平、透明。

如图 10-3 所示为员工晋升调岗的常见流程。

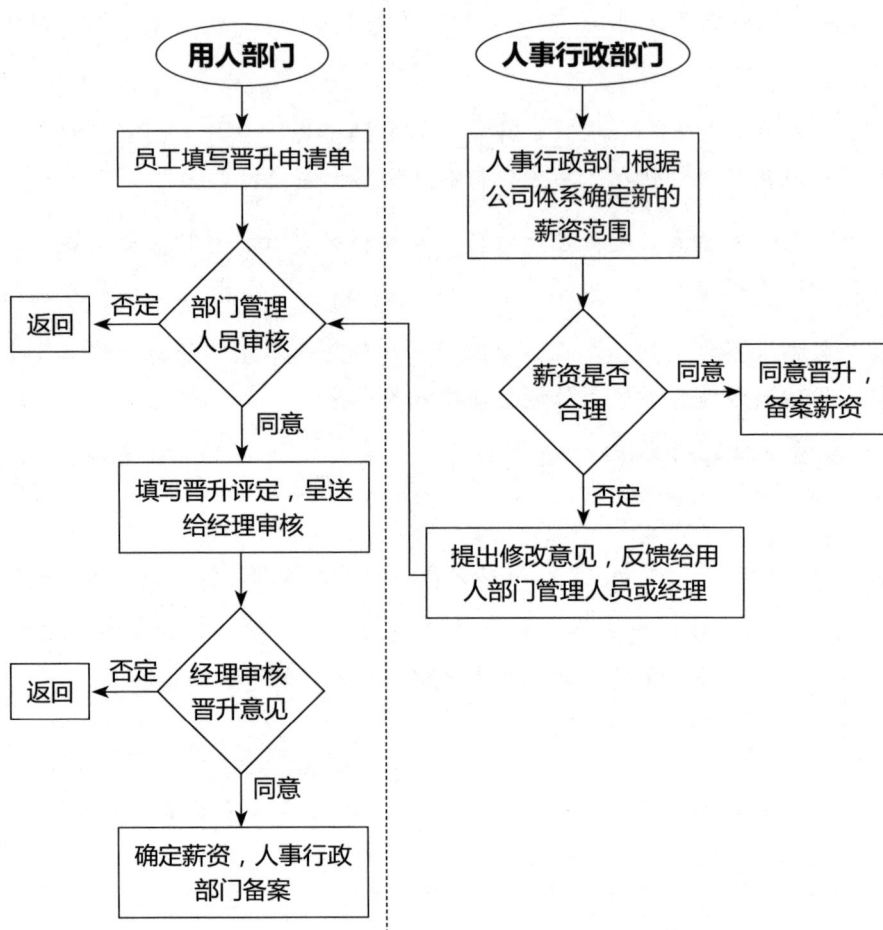

图 10-3

10.2.3　员工降职调薪的流程处理

　　劳动法规定任何用人单位不能无故降职降薪，所以企业的降职降薪需要设置正确的流程，并且需要在流程中给予员工申诉机会，才能实施，否则员工可以书面通知公司解除劳动合同，属于被迫解除劳动关系。因公司违反了《劳动合同法》的有关规定：未及时足额支付劳动报酬，在双方解除劳动关系的时候，一次性支付劳动者应得薪酬。员工每工作一年支付一个月工资的经济补偿金。

一般企业的降职流程，如下所示。

①部门负责人根据部门发展计划和职位变动、员工考核等情况进行人员调整分析，向人力资源部提出员工降职申请，填写"人事异动申请表"。

②人力资源部门结合人力资源规划及相关政策，审核、调整各部门提出的降职申请，包括：部门人员发展计划是否可行；部门内人员变动人数是否属实；所提出的降职人员是否满足降职条件；综合考虑各部门职位变动情况，调整各部门降职申请。

③人力资源部与当事人进行沟通，允许员工进行申辩。

④人力资源部做出降职报告（内容应包括拟降职人员名单、降职原因和降至何职位等）。

⑤人力资源部将相关降职材料呈报上级主管部门审批，呈报材料包括：主管领导对员工的全面鉴定；员工绩效考评表；员工培训及培训考评结果；具有说服力的事例；拟异动的职务和工作；其他有关材料。

⑥人力资源部门将材料审批后发至本人及相关部门，填写人员异动登记表及相关人事档案并保存。

⑦接到降职通知的员工，需在一定时间内交接好工作，进入离职流程，到人力资源部办理任免手续并办理新岗位的任职手续。

⑧人事管理人员向员工说明新岗位的工作职责及相应的薪酬调整。

需要注意的是，企业中凡是予以核定的降职人员，人力资源部门应将该项变动予以公示，并以书面的形式通知本人。

10.2.4　员工降职通知书的编写

"降职通知书"是企业对于员工降职事件处理完成后的一个结论性文件。作为单位经常用到的公文，首先应该对整个调岗降级事件的原委做适当的描述；其次，应将单位对该员工的表现作出明确、客观的评价；最后，还应该将调岗降级决定的具体内容，比如新岗位是什么、薪资多少、何时到新岗位报到、向谁汇报及决定生效的时间等进行明确告知。"降职通知书"还应及时送达被通知人手中，以便及时生效。

如下所示为某企业员工降薪通知。

| 范例解析 |　某公司员工降薪通知书

降薪通知书

××同事：

根据公司《关于市场部薪酬制度与考核标准通知》中考核标准第一条：客户经理名下客户在交易/托管资产累计总量（M）达到 80 万以上，确认为客户经理级别，享受正式员工待遇，三个月为一个考核期。因你三个月客户在交易/托管资产累计总量未达 80 万以上。所以公司对你做出基本工资的标准下调 500 元的处理。下调工资不是最终目的，希望你更加努力，争取完成目标。若 9 月份完成目标，工资将于 10 月份恢复。

公司需要大家一起努力，共同成长！本次通知于 9 月份正式实行。

执行部门：

通知下达时间：

通知书首先说明了降薪的原因，根据《关于市场部薪酬制度与考核标准通知》中的考核标准规定，使降薪做到有据可依。其次，向员工说明降薪不是目的，最终目的在于通过降薪激励员工努力工作。如果员工业绩达标则恢复薪资，给员工希望。最后，在通知书的结尾处，肯定员工，鼓励员工积极工作。

10.2.5 试用期员工的转正审批流程

试用期员工通过试用期的考核之后就可以转正，成为正式员工了。但是试用期转正需要经历一系列不可避免的转正程序和办理转正的手续。这些转正程序和手续代表企业开始真正意义上的接纳该员工，试用期员工也正式成为企业的一员，具有重要意义。

有的人认为转正审批流程是一项无意义的工作，约定的试用期期限一到，公司方面没有异议，员工也无异议，就算不提交转正申请，也默认自动转正。这样就没有必要经历转正流程，HR 也可以简化工作流程。

实际不然，转正审批流程工作的意义在于，一方面可以预防风险，转正通常涉及薪资福利待遇的变化，转正流程有文件，有明文规定，双方同意后签字，可以有效避免纠纷。另一方面，转正流程和手续实际上能够对试用期员工起到一个正面激励的作用，肯定员工的价值，期待其后期的发展。

一般企业中的转正手续包括以下 5 项流程。

转正申请。试用期满之际，试用员工本人适时提出转正申请。通过试用期的工作，试用员工对企业、工作环境及工作内容等整体上都有了一定的认识和体验，在肯定自己的岗位和工作内容之后就可以向企业提出转正申请了。

表现评估。试用期员工提出转正申请之后，公司应对其进行一定的工作评估，评估可以从各方面开展。比如工作表现、适应能力、沟通能力及工作效率等，看是否符合公司的要求长期聘用该员工。评估可以由部门领导、工作同事及业务伙伴等多方向开展，这样也能更全面地了解该员工的整体表现，评估是否给予转正。

转正审批。评估通过后，转正还需要流程审批。可以逐级向上级审批，与此同时也可以向上级大致汇报下该员工的工作表现等。

签订正式合同。员工转正公司必须与其签订正式劳动合同。签订正式劳动合同是法律规定，同时也是对双方的一种书面保障和承诺。一般一式两份，签字盖章有效，双方各执一份。

转正通知发布。转正审核通过、各项办理结束后，则应发布正式通知给该员工，告知并强调一些转正相关事宜，同时也恭喜该员工已转为正式员工。

试用期员工转正流程，如图 10-4 所示。

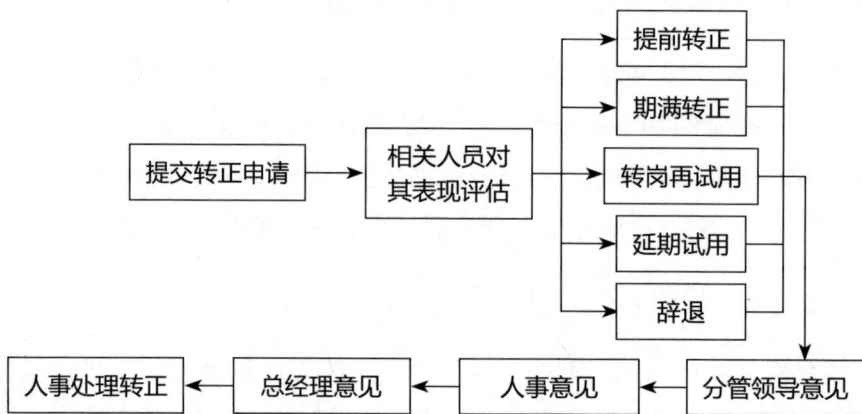

图 10-4

根据上述流程内容，我们可以看到，试用期员工转正之前需要结合自己试用期工作的实际情况填写转正申请，交由上级审批。这是转正过程中的一项重要文件资料，它既是对员工试用期工作的总结，也是对试用期员工工作情况的考核审批。

图 10-5 所示为某企业的员工转正申请表。

员工转正申请表

姓名		日期	
部门		职位	
进入公司时间		试用期时间	
自我陈述：			
各部门意见（专业知识、技能；专业经验；工作态度；工作能力等方面）			
直接主管评语：			
提前转正（　　）		正常转正（　　）	延迟转正（　　）
部门负责人评语：			
提前转正（　　）		正常转正（　　）	延迟转正（　　）
行政人事部评语：			
提前转正（　　）		正常转正（　　）	延迟转正（　　）
总经理评语：			
提前转正（　　）		正常转正（　　）	延迟转正（　　）
备注： 要求本人及直接主管填写内容实事求是，并详细列明工作业绩，直接主管须对该员工在岗工作表现负责。			

图 10-5

10.2.6　试用期员工转正通知单制作

转正通知单是通知试用期员工转正的正式文件，对于试用期员工和公司都具有重大意义，一方面转正通知单表明了公司对员工能力的肯定，另一方面也能让员工及时了解相关的转正事项和内容。因此，制作通知单时要慎重。

转正通知单通常包括 5 个部分，如下所示。

①通知单的对象为转正职员的名称。

②说明职员转正的事实，并说明转正后的员工薪资调整变化情况，这是

转正通知单中的重点内容。因为我们知道试用期员工的工资水平相较于正式员工来说较低，一旦试用期员工转正成功即可享受正式员工待遇，这就需要在转正通知单中体现。

③肯定员工的付出与努力。

④表示对员工转正的祝贺。

⑤公司人事部门的落款。

下例为某单位的员工转正通知书。

| 范例解析 |　某公司试用期员工转正通知书

员工转正通知书

_____女士/男士：

你好，我们很荣幸地通知你通过了公司严格的试用转正考核，从_____年_____月_____日起，你正式成为××公司的一名合格正式员工，你的薪资级别调整为_____级，基本工资为_____元，岗位工资为_____元，出勤工资为_____元，绩效工资为_____元，薪酬总额为_____元。

这是你勤恳工作、不断努力所取得的成果，希望你再接再厉，迈向新的成功！

再一次向你表示祝贺！

××公司人力资源部

年　月　日

第十一章

疑难处理：
维持薪酬管理过程中的稳定性

在实际的薪酬管理过程中会遇到各式各样的疑难杂症，需要管理人员特别注意，例如，如何应对员工的加薪要求，如何平衡新老员工之间的薪酬差，以及如何平衡上下级员工之间的薪酬差幅等。如果不能妥善处理这些问题，很容易引起员工的不满，造成人员流失。

11.1
企业内部的薪酬平衡管理

维持企业薪酬管理的稳定性分为两个部分，即企业内部薪酬平衡管理和企业外部薪酬平衡管理。内部平衡即控制企业内员工之间的薪酬水平，要求企业内有适当的薪酬层级差异，体现岗位层级与工作职责的不同；外部平衡即控制企业与市场薪酬水平的差异，要求企业薪酬在与市场薪酬水平均衡的情况，具有薪酬竞争优势。

11.1.1　如何应对员工的加薪要求

员工主动提出加薪的现象在职场中比较常见，但是员工提出了加薪要求之后企业应该如何反馈呢？

首先，作为管理者应当知道员工提出加薪，通常有以下 3 种情况。

（1）情况一，基本调查之后的加薪要求

员工做过基本的薪酬调查，将自己的薪酬水平在行业中做了比较，并在企业内部进行了纵向横向比较，发现自己的薪酬可能存在较低的情况。

针对这种情况，管理者要从外部和内部两个方面入手。在外部公平上，管理者要积极做好市场调查，了解该岗位当前在市场中的薪酬水平，并预测该岗位后期的薪酬发展水平，从而确认该岗位薪酬是否存在薪酬水平过低的情况。如果确实过低理应做相应的加薪调整；但如果目前该岗位的薪酬高于市场薪酬水平，不应立即做出不加薪的决定，还要综合考量员工的工作情况及薪酬水平等。

在内部公平上，管理者要明确企业内的薪酬机制是否存在不合理的情况，包括员工之间的薪酬层级差异过大，调薪机制是否存在不公平的情况等，如果情况属实应当及时对薪酬机制做出改进，而非针对员工个人做出加薪决策。

（2）情况二，员工觉得自己的价值高于当前的薪酬水平

随着工作时间的加长，员工的个人能力、技术及工作经验不断成长和积累，所以当员工领着同样的工资却做着越来越多的工作时，会产生不满足感，从而提出加薪的申请。

面对这样的加薪要求，首先要考虑员工的实际工作情况是否达到了加薪要求。如果员工能力不够，就要对其明确指出不足之处，以及加薪需要达到的目标和方向。这样可以让员工更有干劲，也能让员工知道自己的不足。如果员工的能力达到了加薪要求，可适当考虑提升员工的薪酬水平。

其次，还要考虑该岗位的价值性。岗位价值指该岗位对企业的价值，如果该岗位属于能够创造高利润或高效益的重要岗位，员工的调整变动会直接影响企业的效益，则为了企业的稳定，应该适当满足员工的加薪要求。如果该岗位属于一般性价值的岗位，且市场中的员工替代率较高，那么这类员工的流失对企业产生的影响不大，可以不做另外的加薪安排，按照企业正常的薪酬制度执行即可。

最后，还要考虑员工自身对企业的价值，即什么样类型的员工在提出加薪要求时，管理者应当重点考虑呢？企业中有 5 类员工对企业来说具有重要价值。

◆ 员工自身具备较高的技术能力，该技术难以被超越和取代，且该技术对企业的发展和经营具有重要影响。

◆ 员工的业绩能力较强，携带的资源丰富，能够为企业带来巨大的经济效益。

◆ 对企业具有重大贡献，且忠诚度较高的老员工。

◆ 学习能力强，成长速度快，具有高潜力的员工。

◆ 不畏惧挑战与逆境，并且能够从中快速得到成长的员工。

（3）情况三，给自己准备好后路的员工

员工在提出加薪要求之前通常已经做好了辞职准备，并且已经找到了工资水平能满足他期望的下家企业。之所以提出加薪要求是基于对企业有感情，也非常认同企业的企业文化，如果能够加薪成功，则不会离职，但加薪失败则会马上提交辞职申请。

对于这种情况，管理者要清楚该员工的价值，确认是否需要将该员工留下来。如果不想留，可以直接向员工说明，当前没有这个调薪计划。如果想要挽留员工，可适当满足其加薪要求。需要注意的是，特殊情况下的个人员工加薪需要与员工本人达成保密协议，避免泄露造成大面积的员工提出加薪要求，给企业造成严重的经济负担。

同意了员工的加薪要求之后，作为管理者还应该考虑员工的加薪应该怎么去做，一方面既能够满足员工的加薪要求，另一方面也不会为企业增加过高的人力成本负担。在员工加薪策略中需要遵循下面 3 个加薪原则。

◆ 尽量不要使用固定加薪法

固定加薪法指直接提高每月固定工资额度的加薪方法，例如提高工龄工资、岗位工资或等级工资等。这种方式因与企业的共同利益黏合度不够，所以通常加薪幅度不大、频次少、不可持续、企业主动为员工加薪的意愿低。员工固定薪资水平越高，创造力就会越低。所以固定加薪除了会增加企业的固定成本之外，对员工难以起到真正激励作用。

◆ 让员工自己通过自身的努力提高薪酬水平

让员工通过自身努力提高薪酬水平指可以提高员工的绩效系数，或提高绩效奖金额度，只要员工能够达到更高的工作标准即可得到更高的工资水平，从而达到员工加薪的目的。这样一方面可实现员工的加薪目的，对员工起到激励作用，另一方面也能促进企业利润水平的提高。

◆　特别加薪法不可取

特别加薪法指部分企业管理者面对员工加薪要求时采取私发红包、单项奖励或额外奖励的方式来实现。员工的加薪要求指长期性的薪酬额度提升，而非一次性的薪酬补贴，所以管理者要注意明确奖励、福利与薪酬的区别，不要用奖励、福利模糊员工的加薪要求。

11.1.2　新老员工之间薪酬差如何平衡

根据企业管理的需要，许多企业的薪酬额度制定并不是按照员工的入职年限、资历深浅来决定的。而且有可能出现新员工工资高于老员工工资的情况，这也导致了新老员工薪资不平衡情况的发生，于是出现老员工要求涨工资或消极怠工，甚至出现离职出走的现象，这可能给企业的稳定和发展带来了严重影响。

那么，为什么许多企业会出现新员工工资高于老员工工资的情况呢？新员工工资高的原因主要有以下3点。

①大环境所驱使。如今许多的企业面临着招人难的问题，使企业不得不花费重金，提高企业的薪酬竞争力，为企业招聘新人。

②新人具有创造性思维，善于改革和改变。老员工长时间工作已经适应了公司的工作环境、工作内容及工作方法，难以发现工作中可能出现的问题。而新员工则不同，新员工能够从一个局外人的角度看出工作或企业存在的问题，指出并改正。

③新员工的价值潜力巨大。新员工刚入职具有较大的发展潜力，企业的高薪酬是看重其未来的发展，而老员工的创造性和潜力较低，通常只能维持现状难以做到自我提升，所以新员工工资可能更高。

面对新老员工薪酬差异引发的冲突，管理者要做到积极改进，对症下药才能够维持企业内部稳定。比较实用的方法有以下几个。

◆ 以能力决定工资，而非工龄

公司需要建立以能力或绩效为基础的薪酬体系，不管是新员工，还是老员工都以直观的能力或绩效水平说话，能力或绩效高的员工得到高薪酬，能力或绩效低的员工得到低薪酬。

◆ 福利方面适当向老员工倾斜

薪酬制度上可以保持新老员工的公平性，以技能决定薪酬。但是在福利上，应该适当向老员工倾斜，感谢老员工对公司多年的贡献，肯定老员工对公司的价值和付出。常见的老员工福利有以下一些，如表 11-1 所示。

表 11-1　老员工福利项目设置

福利项目	内容
工龄工资	工龄工资是根据员工工作年限设置的，通常工作时间越长，工龄工资的额度就越高。工龄工资能够在一定程度上对老员工起到安抚作用，缓和老员工与新员工之间的薪酬矛盾
奖金＋荣誉	可以为老员工设置"奖金＋荣誉"的模式，感谢老员工对企业的付出，例如忠诚服务奖、竭尽工作奖等，当员工工作满 5 年以后，就可能得到该奖章和奖金。荣誉型的奖励能够在精神上对老员工起到鼓励作用
福利差异化	可以在员工福利项目上体现出新老员工的差异化，例如员工在公司就职满 5 年以上，可以领取子女读书补助；员工在公司就职满 3 年以上可以享受探亲假车费报销等
调岗优先	对于企业内部的一些空缺职位可优先考虑企业内的老员工
普调倾斜	在每年的薪酬普调时可适当向老员工倾斜，减小新老员工之间的工资差距

◆ 保密工作要做好

可以根据公司薪酬制度的实际情况建立保密机制，避免员工之间的工资比较，引发不必要的矛盾。

最后，虽然难以在新老员工中做到绝对公平，但是作为管理者应该尽量降低新老员工之间的不平衡感，以公平、公正的态度对待每一位员工，才能促进企业健康发展。

11.1.3 上下级员工的薪酬差幅控制

企业中除了新老员工之间存在薪酬差异之外，上下级之间也存在薪酬差异，也就是工资级差。如果上下级之间薪酬差异过大，可能引发基层员工的不满，严重时可能危害企业的稳定。

我们需要知道的是，企业内需要存在工资级差，工资的级别差异能够对员工起到激励作用，使员工形成追求高薪的良好竞争环境。并且高的工资意味着对员工能力、权利及责任的高要求，能促使员工积极进取。但是工资级差要具有合理性，过低则难以对员工起到激励作用，也不能过高，过高可能会给企业带来经济压力的同时，还会造成基层员工的不满。

从概念上来看，工资级差是指工资等级中相邻两级工资标准之间，高等级工资标准与低等级工资标准的相差数额，表明了不同等级之间的劳动，由于劳动复杂程度和熟练程度不同，有不同的劳动报酬。工资级差可以用绝对额、级差百分比或工资等级系数表示。

想要科学合理地确定各等级之间的工资差别，首先要确定最高工资标准和最低工资标准的比率，然后把同一工种划分为若干不同的劳动技术等级，并根据等级数目确定各等级之间的差别。

一般来说，级差大小是和等级数目的多少联系在一起的，等级越少，级差越大；等级越多，级差越小。各等级之间的差距，可以是等距差，也可以是不等距差。

想要确定薪酬的级差首先要确定薪酬的差幅，也就是最高工资等级与最低工资等级之间的比值。不同的行业确定薪酬差的方式和因素会有所不同，但是无论什么企业在确定薪酬差之前都需要考虑以下 4 个因素。

①考虑最高薪酬岗位与最低薪酬岗位存在的工作难度差异、劳动力差异及工作量差异等。

②考虑政府规定的最低工资率。

③考虑最高等级工资与最低等级工资在实际生活中达到的收入水平。

④考虑企业当前的薪酬支付能力。

另外，在设计企业工资等级间距时还要考虑以下两点内容。

◆ 薪酬级差带来的工作差异

薪酬越高其岗位的相对价值越大，对员工的工作要求也就越高，相对地，薪酬越低其岗位的相对价值越小，对员工的工作要求也就越低。在这样的薪酬变化设置下，才能激励员工突破自己，积极提升自己，从而实现高薪。

◆ 级别空间设置

通常薪酬级别越高的员工，其继续上升的空间就越小，而薪酬级别越低的员工，其继续上升的空间就越大。为了在薪酬级别上对企业内的所有员工起到激励作用，应该设置较大的薪酬变化空间。

11.2
企业薪酬的外部均衡性管理

薪酬的外部均衡指与市场薪酬水平的对比，具体是指与同地区、同行业及同规模企业的薪酬水平的比较，使企业薪酬能更具优势，为企业吸引并留住更多的优秀人才。

11.2.1 决定市场薪酬水平的因素有哪些

我们在考虑企业薪酬水平在市场中的竞争力时，除了简单查看市场薪酬水平的高低之外，还要知道市场薪酬水平形成的原因，才能帮助我们预判分析未来一段时间市场薪酬水平的走向。

市场薪酬水平是由大部分企业的薪酬水平综合而来的，看起来好像各个企业相互独立、各自经营，互相影响不大。实际上各企业纷纷受制于外部环境的影响，具体有以下4点。

◆ 人才市场的供给情况

薪酬水平的高低与人才供需直接相关，当供大于求时，劳动力资源丰富，企业招聘岗位较少，此时薪酬水平普遍较低；当供小于求时，劳动力资源缺乏，企业招聘岗位较多，此时企业为了能够最大限度地招聘到人才会提高薪酬水平，此时市场中的薪酬水平普遍较高。这样的现象在科技类、研发类及技术类行业中尤为突出。

◆ 国家相关法律法规和政策的影响

薪酬水平的高低受到国家相关法律法规的宏观调控，当国家重点扶持和推进某一类行业或某一职业时，该行业的薪酬水平可能会得到提升。例如教师行业，近年来，国家加大财政投入，将教师队伍建设作为教育投入重点予以优先保障，使得教师工资水平得到了提升，教师工资由20世纪80年代之前在国民经济各行业排倒数后三位，提升到目前在全国19大行业排名第7位。

◆ 所在行业的发展状况

市场薪酬受到所在行业发展水平的影响，如果行业发展速度较快，水平较高，那么该行业的平均劳动力薪酬水平也就比较高。相对地，如果行业发展速度较慢，水平较低，那么该行业的平均劳动力薪酬水平也就较低。例如，我国近年的电商行业发展速度较快，带动了整个电商行业的薪资水平，使得越来越多的人才纷纷涌进该行业，进一步促进了行业的发展，形成有效循环。

◆ 地区经济发展状况

当地的经济发展状况会直接影响市场薪酬水平的高低，通常经济发展水平越快的地区，其薪酬水平越高。相对地，经济发展水平越慢的地区，其薪酬水平越低。例如北京、上海、广州及深圳等一线城市，其市场工资水平必然高于三、四线城市的同行业薪酬水平。

11.2.2 薪酬水平与外部不均衡的情况

薪酬水平与外部不均衡主要是指高于外部平均水平和低于外部水平两种情况。

当薪酬水平高于外部平均水平时，企业薪酬在市场中具备竞争优势，能够对员工产生激励作用，促使员工更好地工作。另外，也能够吸引到更多优秀的人才加入。但是如果企业薪酬过高的高出外部平均薪酬时，无疑会增加企业的人力资源成本，严重时还会给企业造成经济负担。

当薪酬水平低于外部平均水平时，虽然会降低企业的人力资源成本，但企业薪酬在市场竞争中不具优势，难以吸引到优秀人才加入。对企业内部的员工来说，低于外部平均水平的薪酬会使员工失去工作的热情和主动性，大幅降低员工工作效率。另外，还可能加大员工的流失率。

鉴于此，企业必须实时掌握外部薪酬水平，保持与外部薪酬水平的均衡状况，并利用外部薪酬水平数据对企业薪酬水平进行有目的地调节，从而达到管理企业的目的。

例如，当企业处于快速发展期，需要大量引入人才时，可以调整企业薪酬，使其高于市场薪酬水平，达到吸引人才的目的。但如果企业发展渐缓，趋于稳定，企业组织结构也比较稳定时，可以将薪酬水平调整至与外部水平持平。

具体来看，企业薪酬与外部薪酬水平的管理调控有 4 种策略，即领先市场策略、跟随市场策略、低于市场策略及综合型策略。

（1）领先市场策略

领先市场策略，即企业薪酬水平高于市场薪酬平均水平，使企业薪酬在市场中保持高竞争优势。领先市场策略的优点和缺点如图 11-1 所示。

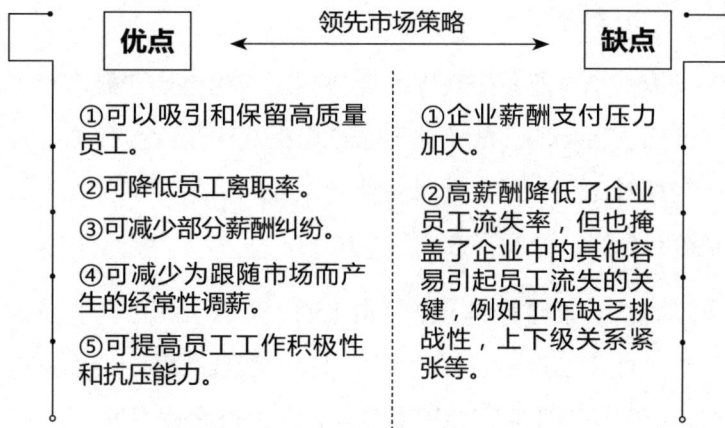

优点	←———— 领先市场策略 ————→	缺点
①可以吸引和保留高质量员工。 ②可降低员工离职率。 ③可减少部分薪酬纠纷。 ④可减少为跟随市场而产生的经常性调薪。 ⑤可提高员工工作积极性和抗压能力。		①企业薪酬支付压力加大。 ②高薪酬降低了企业员工流失率，但也掩盖了企业中的其他容易引起员工流失的关键，例如工作缺乏挑战性，上下级关系紧张等。

图 11-1

这种领先市场的薪酬策略，虽然对企业来说，优势较多且比较明显，但确实使企业的人力资源成本变高，所以对于一般的小型企业来说不太实用，更适合一些经济实力雄厚的企业。

（2）跟随市场策略

跟随市场策略是当前市场上大部分企业习惯采取的薪酬策略，即根据市场中的平均薪酬水平来确定本企业薪酬定位的一种方法。跟随市场策略的优点主要是使企业的人力资源成本与竞争对手的薪酬水平接近，避免自己在产品定价或人才保留、引进的竞争过程中处于劣势。

但是跟随市场策略会使企业花费大量的人力物力在市场调研上，加大了企业的成本。另外，跟随市场策略使企业薪酬本身优势并不明显，员工的引进和流失率不能有效管控。

跟随市场策略主要适用于生产性或员工质量普遍要求不高的企业，例如生产、加工及包装等流水性员工占比较重的企业。不适合科研类、高新技术类的重人才企业。

（3）低于市场策略

低于市场策略指企业薪酬在同行业或同区域的市场薪酬水平中保持较低的薪酬水平。低于市场的薪酬策略通常是以提高未来收益作为补偿的，往往在企业创业初期时比较常见，此时企业尚未盈利，薪酬支付能力较低，所以常常以未来盈利分红、分股等方式激励员工。

低于市场的薪酬策略有利于提高员工的主人公意识，与企业共进退。但是，对于一些对企业未来不看好的员工而言，较低的薪酬会加快这类员工离职，因此企业中的员工离职率会较高，且人才引进比较困难。

（4）综合型策略

综合型策略指企业不单一采取一种薪酬外部平衡方式，而是根据岗位的类型及人才的需要分别制定出不同的薪酬水平决策，即企业中有的岗位薪酬高于市场平均薪酬水平，有的薪酬与市场平均薪酬水平持平，也有薪酬低于市场平均薪酬。

综合型薪酬策略的使用比较灵活，通常对于劳动力市场中的稀缺人才或企业中重要的关键岗位，会采取领先市场的薪酬策略；对于劳动市场中比较充裕的人才类型或鼓励流动的低层级员工，会采取跟随或者是低于市场的薪酬策略。

这样灵活的处理方式，既能让公司在劳动力市场中保持竞争力，又能方便企业控制薪酬成本。

11.3
薪酬实际管理中的难点突破

在企业薪酬的实际管理中常常会遇到一些比较棘手的问题，一不小心可能就会误入雷区，为薪酬管理加大难度。下面我们就其中一些比较典型的难点问题进行介绍。

11.3.1　薪酬可以公平，但不可以平均

有的企业常常听到员工抱怨，"明明工作都是自己在做，但是大家的工资却是一样的，有的人甚至不做事却可以领到同样的工资，实在太不公平了"。产生这种情况的原因就是部分企业盲目追求表面公平，而以"大锅饭"式的平均主义对薪酬、福利及资源等进行平均分配。如图 11-2 所示。

图 11-2

这种"平均分配"而产生的公平、公正，反而形成了最大的不公正。尤

其是对勤奋的、积极工作的员工，这样的薪酬分配方式抹杀了员工的贡献和心血。相反的，一些懒惰者、滥竽充数者却从中得到了便宜。如果放任这样的情况发展，那么会有大量优秀人才流失，最终企业也会被拖垮。

因此，企业追求的薪酬公平应该是薪酬模式和策略上的公平，而非薪酬额度上平均。具体来说，薪酬公平应该追求 4 个方面的公平。

①员工的薪酬应该与岗位承担的责任和工作的难度等相匹配，形成企业内部的岗位公平，可以通过岗位价值评估来解决。

②员工的薪酬应该与市场平均薪酬水平相匹配，形成企业外部的公平，可以通过薪酬调查来实现。

③员工的岗位薪酬应该与该岗位的业绩表现相匹配，形成员工自我公平，可以通过绩效考核解决。

④企业的薪酬制度公平，包括薪酬分配制度、薪酬晋升制度和分配过程公平。

11.3.2　忌讳过于复杂的薪酬结构

有的企业设计的薪酬结构过于复杂，薪酬项目多且零碎，数额计算复杂难度较大。在考虑薪酬结构复杂与简单之前，首先我们要知道，为什么这些企业要设计复杂的薪酬结构，复杂的薪酬结构具有什么样的优势。

◆ 有的企业认为简单的薪酬结构便于管理，但会让企业薪酬缺乏竞争优势。例如，如果企业薪酬结构为"底薪 2 800 元＋提成（3%）"，竞争对手可能以"底薪 3 000 元＋提成 4%"的薪酬模式让企业内的员工流失。为避免这种情况的发生，企业需设计一套复杂的薪酬结构，使员工和竞争对手无法进行具体比较，避免员工离职。

◆ 有的企业将薪酬结构划分得非常细致，尽量增加其他固定薪资项目，来减小基本工资的值，然后通过在劳动合同或企业规章制度中约定计算加班费、缴纳社保和支付带薪假工资等条款，从而达到降低人工成本的目的，实际上是"司马昭之心，路人皆知"。

针对上述两个问题，首先在实际的企业薪酬管理中，即便是再复杂的薪酬结构，最终都将转化成为员工具体的实际收入，员工会比较个人的付出与回报薪酬额度，查看该企业薪酬的公平性。此时，任何复杂的薪酬结构都没有了意义。

另外，管理者需要明确的是，无论你设计再多的薪酬名目和计薪方式，最终的薪酬结构示意图都如图 11-3 所示。

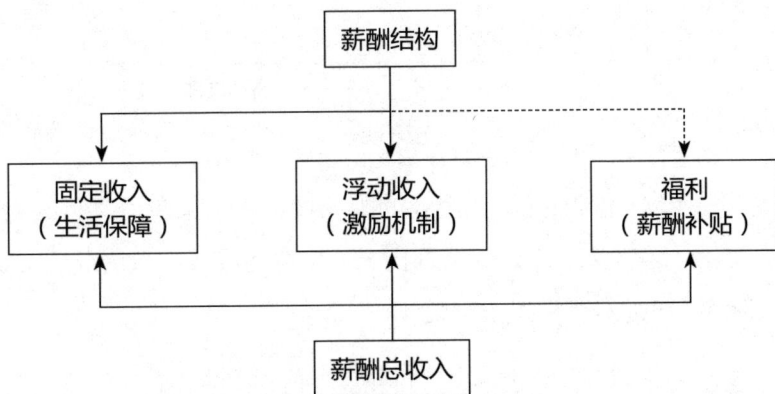

图 11-3

其次，因为法律规定只要是每月固定发放的工资形式，不论是以何种形式，都属于固定工资的组成部分。所以无论怎么细分薪酬项目都没有用，加班费、缴纳社保和支付带薪假工资等都得以此固定工资的总和为计算基数。

总体来说，复杂的薪酬结构并不能真正为企业留住人才，只有做到真正的公平、公正，且具有竞争力的薪酬模式才能够为企业吸引并留住人才。

除此之外，一个企业的企业文化、工作内容和发展空间等，都是吸引和留住人才的重要因素，这些都不是简单地通过薪酬结构就能实现。

11.3.3 弹性福利设计更人性化

根据相关调查发现，许多企业为员工提供了丰富的福利方案，投入了大量的福利成本，但却无法得到员工的认同和满意，使企业成本管理与员工满意度之间形成了矛盾，如图 11-4 所示。

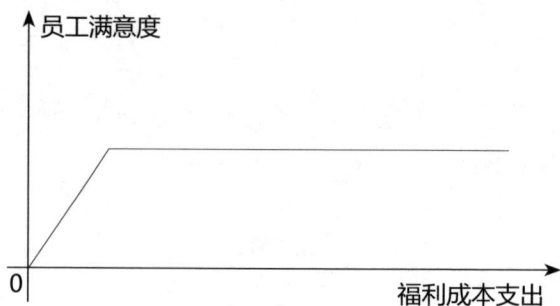

图 11-4

造成这一现象的原因在于，企业的福利设计过于呆滞，没有实际考虑员工需求的变化。随着员工年龄、婚姻状况、家庭情况及收入情况等不断变化，员工的实际需求也在不断变化。

鉴于此，企业应该引入弹性福利制度。弹性福利指企业在核定的人均年度福利预算范围内，为员工提供多种可选择的福利项目，让员工进行自主选择，由员工根据本人及其家庭成员的需要自主选择福利产品或产品组合的一种福利管理模式。下面来具体看看传统福利设计与弹性福利设计的区别。如图 11-5 所示为传统福利设计。

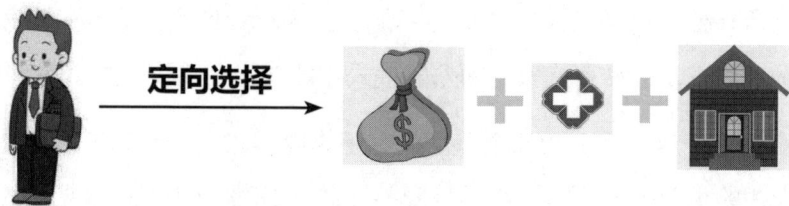

图 11-5

从上图可以看到，传统福利设计中，员工的福利为单向定向的，通常按照员工的资历、工作表现及业绩情况等，选择符合条件的员工然后对其进行福利分配。

如图 11-6 所示为弹性福利设计。

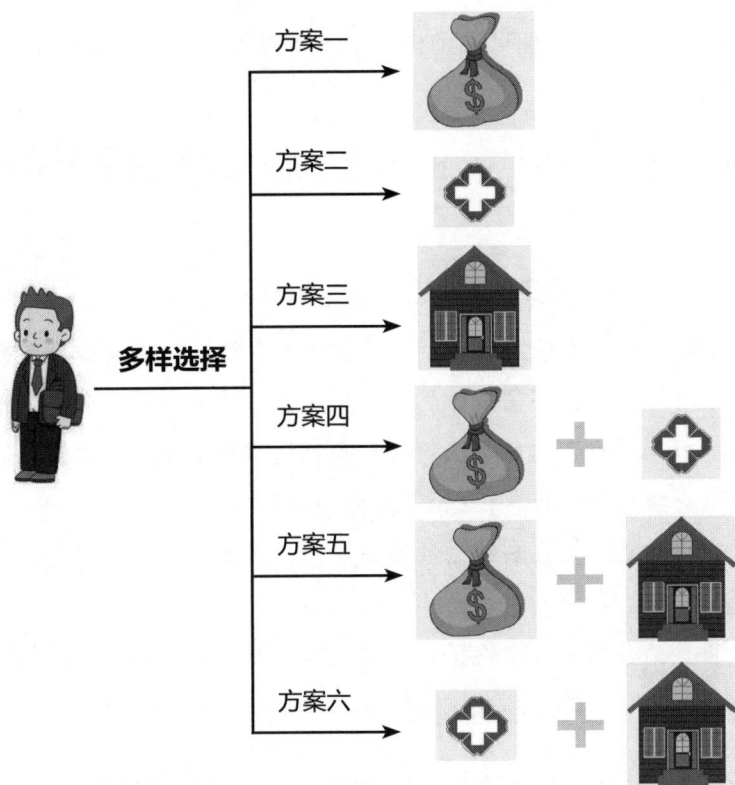

图 11-6

从上图可以看到，在弹性福利设计中，给予了员工福利选择权和决定权，最大程度上满足了员工的个性化需求，使员工的福利选择多样化，自由度更高，选择的范围也更广泛。

当然，福利设计并非一定是奖金、保险和住房补贴，实际的福利项目根据企业的福利预算进行设置。

员工的弹性福利计划一般包括 4 种类型。

①额外添加的福利项目，指针对所有员工都可以随意选择的福利项目。

②标注组建计划项目，即企业推出多种固定的"福利组合"，员工只能挑选其一。

③工资薪水下调计划兑换项目，员工可以选择降低其工资水平来兑换获得的福利项目。

④薪酬转换计划项目，员工可以通过放弃或降低其税前奖金的方式来获得福利。

在设计弹性福利时要注意以下 4 点内容。

◆ 了解和征集员工对福利的真实需求和想法，并对其进行整合。

◆ 设计时要根据不同员工的特点来具体设计福利项目，例如单身员工的福利项目、已婚员工的福利项目及有宝宝家庭的福利项目等，使福利项目更多样化，也更符合实际需求。

◆ 严格控制弹性福利计划的实施成本，在福利成本范围之内尽量满足员工真实的福利需求。

◆ 将员工福利的自由选择权与其工作绩效挂钩，福利的激励性更明显。

下面查看一个公司的弹性福利实例。

| 范例解析 | 某公司员工弹性福利制度

公司福利制度

为了能够更好为公司吸引、激励和保留人才，公司结合实际情况和相关政策制度，特制定本制度。

一、固定福利（即不可弹性化福利）

1.法定假日：公司所有员工均可享有国家规定的每年11天法定带薪假。

2.社会保险：公司根据法律法规规定为所有员工办理"五险一金"。

3.特别休假

（1）婚假：按照国家法律法规享有带薪休假5天。

（2）产假：按照国家法律法规享受带薪休假，小产假是15~42天的产假；员工生育享受98天产假，其中产前可以休假15天；难产的，应增加产假15天；生育多胞胎的，每多生育1个婴儿，可增加产假15天。

（3）丧假：按照国家法律法规享受带薪休假3天。

二、可选择福利+奖励性福利（即员工可用点数购买并享受点数奖励的弹性福利）

1.有薪假：员工参加相关社团活动或公益活动时，经公司批准可以取得有薪假期。

2.旅游：公司在年度预算内组织一次旅游，对无意愿参加的员工按规定进行补贴。

3.培训：主要是公司内部培训，主要对绩效不佳的员工及有潜力有意愿的员工进行培训。

4.单身宿舍：公司提供单身宿舍，员工可自愿入住，但每月须交纳规定费用。

5.购房贷款补贴：公司对在本市买房的员工提供利息补贴，补贴数额根据员工资历和购房数额不同而有所差异。

6.商业补充养老险补贴：公司鼓励员工办理除法定养老保险外的补充商业保险，给予相应补贴。

7.年度健康体检：公司每年组织一次体检，内容及点数参见当年的健康计划。

8.大病医疗险：公司为员工办理商业性质的大病医疗保险，旨在减轻员工的医疗负担，从而防止因病致贫的现象发生。

9.子女教育费用：公司为员工子女非义务阶段教育进行资助，不同阶段资助的金额不同。

三、福利待遇标准

法定的福利部分按照国家相关法律规定执行，本方案重点是对弹性福利部分设定标准。为方便计算，福利物品现价折算成对应点数，员工可进行自主选择和购买，点数不同可享受不同标准和福利项目。福利项目定价如表11-2所示。

表11-2　福利项目定价

福利项目	购买金额	购买点数	备注
带薪假	800 元	80	
旅游	800 元	80	
培训	1 200 元	120	
单身宿舍	1 000 元	100	
购房贷款补贴	1 600 元	160	
商业补充养老保险补贴	1 200 元	120	
年度健康体检			参考当年的健康计划
大病医疗险	1 200 元	120	
子女教育费用			不同阶段金额不同

注：员工购买力指点数购买力，通过员工的资历审查和绩效考核手段来确定标准，评定出员工的购买点数，点数可以用来购买福利物品。